伝説の
算数教室の
授業

宮本哲也

ディスカヴァー
携書
173

はじめに

子どもに算数をやらせる目的は何でしょうか？

「いい中学に入れるため！」

……０点です。

算数をやる目的はただ一つ、「賢くなるため」です。

では、何のために賢くなるのか？

それは「よりよく生きるため」です。「よりよく生きる」とは、「自分に合った生き方を見つける」ことと言い換えてもいいでしょう。

自分に合った生き方というものは本人にしか決められません（親がかわりに決めるなどもっての外です！）。

そのために必要なものは**「情報を取捨選択する能力」**と**「条件を整理する能力」**の二つ

です。算数でこの二つの能力を高めることができます。

なぜ、算数が必要か？

これ以外の目的を持つべきではないと私は思います。中学受験の成功などささやかな副産物にすぎません。おまけに気を取られて本質を見失うと、間違った方向に進んでしまいます。

子どもを賢くするための授業

人生は二者択一の連続です。

「どっちに進むべきか？」という岐路に立ったとき、後悔しないためにはあらゆる情報を集め、優先順位を決める。自分にとって優先順位の低いものから順番に消す。そのときおのずと方向は決まるはずです。

私の授業の目的は子どもを賢くすることにあります。

どうすれば子どもを賢くすることができるのか？　たとえば、ピアノの国際的なコンクールで入賞するにはどうすればよいのか？　実績のある先生について、ひたすら練習をする以外にないでしょう。

水泳でオリンピックに出て入賞するにはどうすればいいのか？　これも実績のあるコーチについて、ひたすら練習をする以外にないでしょう。

どちらもやればやるほど上達するというわけでもありません。バランスが大切です。健康であることと自分の意思で練習に臨むことが必要です。

これを算数に当てはめてみましょう。算数で練習といえば、計算練習でしょう。

「算数のできる子」という言葉からどういう子どもを想像しますか？

「計算が速い」「難しい問題をすらすら解く」

どちらも違います。

どれくらい深く考えられるようになるか

計算は正確でありさえすればそれほどスピードは必要ありません。また、本当に難しい問題は誰がやってもすらすらとは解けません。70ページの「究極の数理パズル」など、誰がやっても10分以内に解くことは不可能です。もちろん、繰り返し練習すれば速く解けるようになりますが、初見では無理です（自信のある方はぜひ挑戦してみてください）。

そして、すらすら解ける問題を解いているだけでは学力は向上しません。

教室でできる子を見ていて感じることは**集中力の高さと考える深さ**です。

いったん、問題を解きはじめると決して顔を上げません。ノートの上で私の出した問題と壮絶な戦いを繰り広げます。

答えを出してもそこで終わりません。答えを出してからが本当の勝負なのです。自分が出した答えに誤りがないかどうかをあらゆる方法を駆使して確認します。

大切なのは計算の速さではなく、考える深さなのです。

最近の中学入試算数では、レベルの高い学校ほど問題数が少ない傾向にあります。ですから、速さなど必要なく、粘り強く問題に取り組み、時間がある限りひたすら見直しをするだけです。計算の速さは有効な武器にはなりませんし、無理にスピードを上げようとすると雑になるだけです。

「算数の上達＝賢くなる」です。賢くなることとは計算が速くなることではありません。算数のテストの点数が上がることでもなく、レベルの高い中学の入試問題が解けることでもなく、そういう中学に受かることでもありません。**ものを考えることができるようになること、つまり、自分なりの価値観（＝判断力）を持てるようになることです。**

『宮本算数教室の授業』ができるまで

私は、1990年から3年間、SAPIX横浜校の初代教室長を務めさせていただきました。そこで理想の教室像が見えたのですが、拡張路線を採る企業の理念とはかけ離れたものでしたので退職し、1993年に宮本算数教室を立ち上げることにしました。

それから23年間、**「叱らない」「教えない」「宿題を出さない」**というスタイルで、**子どもたちが自分の意志で問題と全力で戦える環境づくり**を心がけてまいりました。

その間、2004年に『強育論』、2006年に『「超」強育論』をディスカヴァーから出していただきました。

『強育論』では、学習法、子育てについて具体例を挙げて書きました。書いているうちにどんどん内容がエスカレートしていき、「きっと修正しろって言われるだろうな」と恐る恐る原稿を送ったところ、原文のまま出版され、「ディスカヴァーってすごい！」と感動しました。

塾講師としての本音をそのままわかりやすい言葉で書いたので、読者の心にストレートに届いたのでしょう。反響がとても大きく、たくさんのメールを頂きました。

10社以上の出版社、新聞社からも執筆依頼が来ました。でも、興味が持てるような企画がなかったので、すべてお断りしました。テレビの取材依頼も何件か来ましたが、当時は目立つのが嫌だったので、こちらもすべてお断りしました。

その後、自分の授業について書きたいなと思い、『「超」強育論』の企画を提案しました。当初、授業を実況形式で紹介した「実践編」だけで1冊に仕上げようと考えていましたが、いろいろ検討した結果、半分を読み物にしました。

読み物の部分は、『強育論』をさらに過激にした内容で、「今度こそ怒られるな」と書き直しを覚悟して原稿を送りましたが、これもそのまま２００６年に出版されました。
その後２０１２年に、「実践編」を拡張して1冊の本にしましょうというご提案を頂いたので、教室で使っている問題を大量に追加して『宮本算数教室の授業』を作りました。
本書は、『宮本算数教室の授業』をより多くの方々に手に取っていただけるようにとハンディサイズに作り直しつつ、『強育論』刊行から10年以上が経過した今、同書をまだ読まれたことがない新しい読者の方々にも馴染みやすいようにと、『強育論』『「超」強育論』から私の教育方針に関する部分を改めて採録したものです。

本書の内容が、少しでもみなさまのお役に立てば幸いです。

宮本哲也

伝説の算数教室の授業

目次

第1章 算数はパズルから始めよ

小学3年生の授業

第2章

小学4・5年生の授業

算数の基礎を固める

第3章

小学6年生の授業

算数を仕上げる

第4章小学6年生の国語の授業

国語はパズルで克服する

番外編

最後の授業のアジテーション

巻末資料

第1章

算数はパズルから始めよ

小学3年生の授業

算数の学力とは、計算力ではなく思考力です。すぐに結果を出すことを子どもに求めると、ものを考えない子（＝堪え性のない子）になってしまいます。いったんそうなってしまうと、ものを考える子に戻すのは困難です。

ものを考えられる子にしたければ、理解を伴わない安易な先取り学習をするべきではありません。

計算練習などしなくても、パズルや算数の問題を解きながら、計算力を養うことができますし、そもそも、ものを考えられる子は計算練習を極端に嫌います。日々の計算練習に抵抗を感じない子は、思考の芽を摘まれてしまった子と言い換えてもいいでしょう。

そういう子は算数を好きにはなりませんし、もちろん得意になることもありません。無味乾燥な計算練習の強要がその子を算数嫌いにさせてしまったのです。

計算とは移動の手段にすぎません。方向を見定めることなく、ただダッシュの練習だけを繰り返しても算数の学力にはなりませんし、やらされている本人が楽しくないでしょう。

算数の学習は、計算の先取りや速さではなく、思考力を養う方向で進めること。そうすることで、算数が嫌いな子にはならないはずです。

自分でものを考えられる人間になるための最初の第一歩として、パズルは非常に適しています。宮本算数教室で最初に行う新小3（学校では小2）の授業では、子どもたちにパズルを解かせることにしています。

私の究極の目標は、宮本メソッドを数学初等教育の世界標準にすることです。計算練習をしかたなしにやっている世界中の子どもたちに「そんなのやらずにこれをやってみよう！」とパズルを広めたいと思っています。

まず、パズルで数自体のおもしろさに気づいてもらい、それから算数に移行すれば、算数嫌いな子は激減するはずです。

最初の授業で全員の顔と名前を覚える

初日の授業はとても大切です。どの子も親に付き添われ、緊張した面持ちで初めて教室に足を踏み入れます。授業見学は認めていませんので、付き添いの親御さんは子どもを置いて帰っていきます。

知り合いが1人もいない子は気の毒なくらい緊張しますが、私は授業開始時間まで一切、口を利きません（あいさつをされれば返す程度です）。

教室には、縦90㎝、横180㎝の黒板が2枚並んで立っています。その黒板の右端には、全員の名前をあらかじめ書いておきます。

子どもの机の上には、表紙に大きく名前が書かれたノート（事前の説明会で用意するようにお願いしておきます）が置かれていますので、私は**最初の授業で全員の顔と名前を覚え、その子の問題に対する取り組み方から適性を判断します。**

2回目以降の授業に出るかどうかは親子で判断してもらいますが、相談されれば私の判断をお伝えすることにしています。

授業前に緊張感を高める

初回の授業開始前には、いつも子どもたちに同じ話をします。それによって、**授業には緊張感を持って臨むということを身につけさせる**のです。

「今からとても大切な話をする。ちゃんと守らないと大変なことになる。死ぬかもしれない。だから、よーく聞け」

「まず、教室で走ってはいけない。なぜか？　机の角がとがっているだろ？　転んでここに頭をぶつけると死ぬこともある。

『走っちゃいけないよ』と注意したのにそれを守らず、机の角に頭をぶつけて入院したのが3人いる。そのうちの1人は、5年たった今も入院したままだ。

だから、教室で走ってはいけない。わかったな？」

「次に、エレベーターを使うときに注意すること。

エレベーターの中でぴょんぴょん飛び跳ねるとどうなるか？　たまにロープが切れる。すると、1階まであっという間に着くんだけど、ぺしゃんこになる。また、関係のないボタンをでたらめに押すと故障して止まる。

授業は土曜日だから、月曜までは修理に来てくれない。それまで、狭いエレベーターの中にずっといなければいけない。電気も消えるし、夜はとても寒い。

そんなの嫌だろ？　だから、エレベーターの中ではおとなしくしてなくちゃいけない。

わかったな？」

「階段を使ってもいいけど、階段を使う場合にも注意しなくちゃいけないことがある。

このビルには、いろいろな会社が入っている。一生懸命仕事をしているとき、廊下や階段で子どもが騒ぐとどうなるか？　めちゃめちゃ腹が立つ。いくつかの会社にはものすご～くおっかない鬼のようなおじさんがいる。その人を怒らせたら3日くらいは家に帰れない。

だから、階段を使うときも静かにしなくちゃいけない。わかったな？」

真面目な顔をしてこういう話をするので、子どもたちの緊張感はさらに高まります。

最初のパズル「道を作る」

子どもたちの準備が整ったら、いよいよ授業開始です。

「では、これから授業をはじめる。今からものすご～く難しいパズルを10分でやってもらう。今まで解けたヤツは1人しかいない。

でも、解けるかどうかはどうでもいい。10分間頭を使いつづけることができるかどうかを見る。途中であきらめるヤツは来週から来なくていい」

一人ひとりにパズルを1枚ずつ裏返しにして配ります。タイマーを10分にセットして、「10秒前!……5秒前……はじめ!」の合図で一斉に解きはじめます。

それが次のパズル「道を作る」です。

例題

ルールにしたがって、スタートから
ゴールまでの道順を記入しなさい。

START!

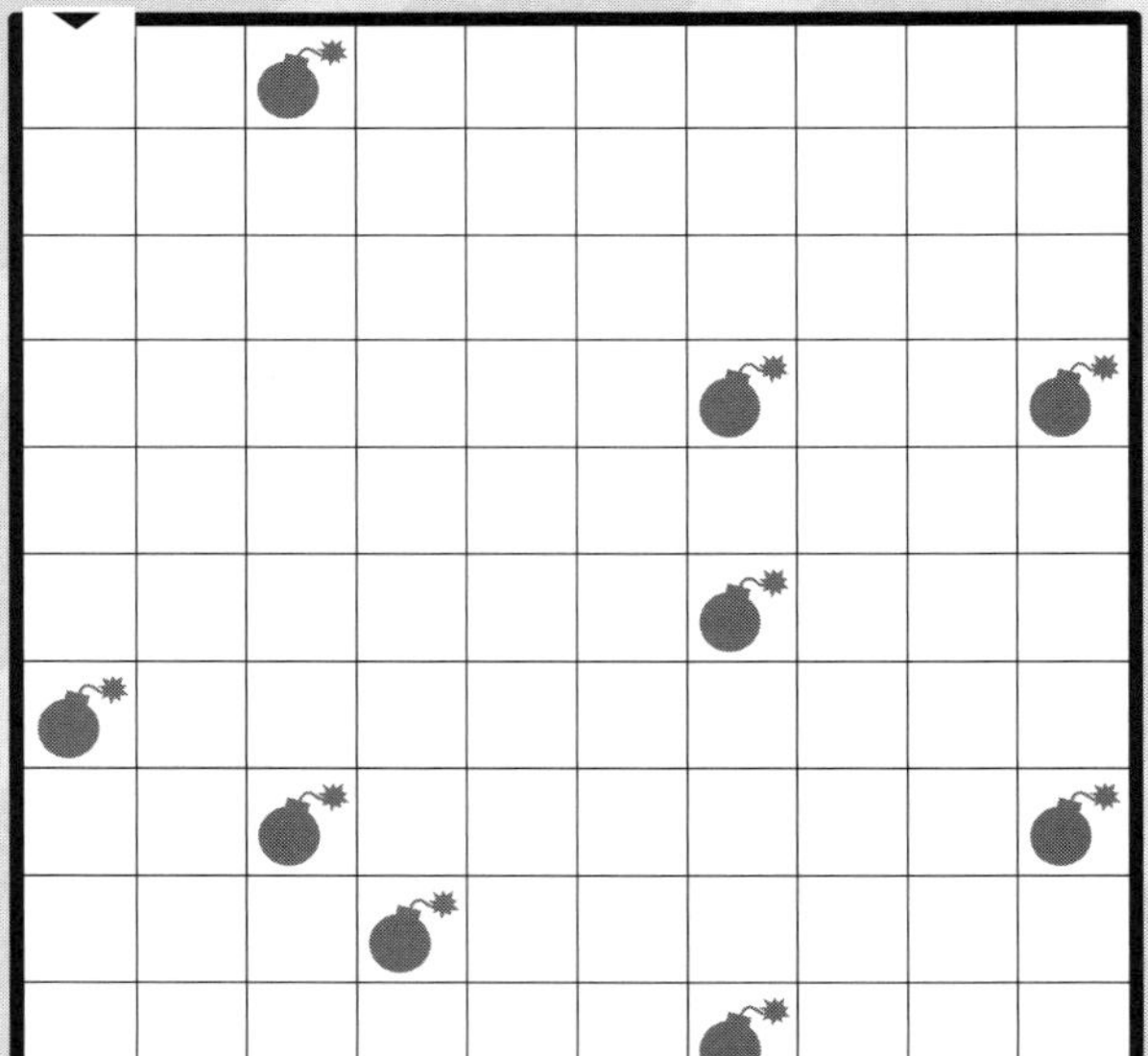

GOAL!

RULE

・ のマスは通れない。

・ 以外のすべてのマスを通らなければならない。

・同じマスを2回以上通ってはいけない。

・進行方向はたて、よこだけで、ななめには進めない。

10分間、子どもたちの様子を観察し、この時間で全員の顔と名前を覚えます。この10分間で脱落した子は今まで1人もいません。全員が10分間集中して解きつづけます。

セットしたタイマーが鳴ると、「やめ！　今から解き方を説明する」。

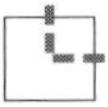との2種類のパーツがある。どんな向きにしてもかまわないし、裏返しにしてもいい。太く囲んだマスにこのうちのどちらかを入れてごらん」（図1）

「こうなるね。ここまで大丈夫か？」（図2）

「あとはマスが余らないように、道が閉じないように気をつけて入れればこうなる」（図3）

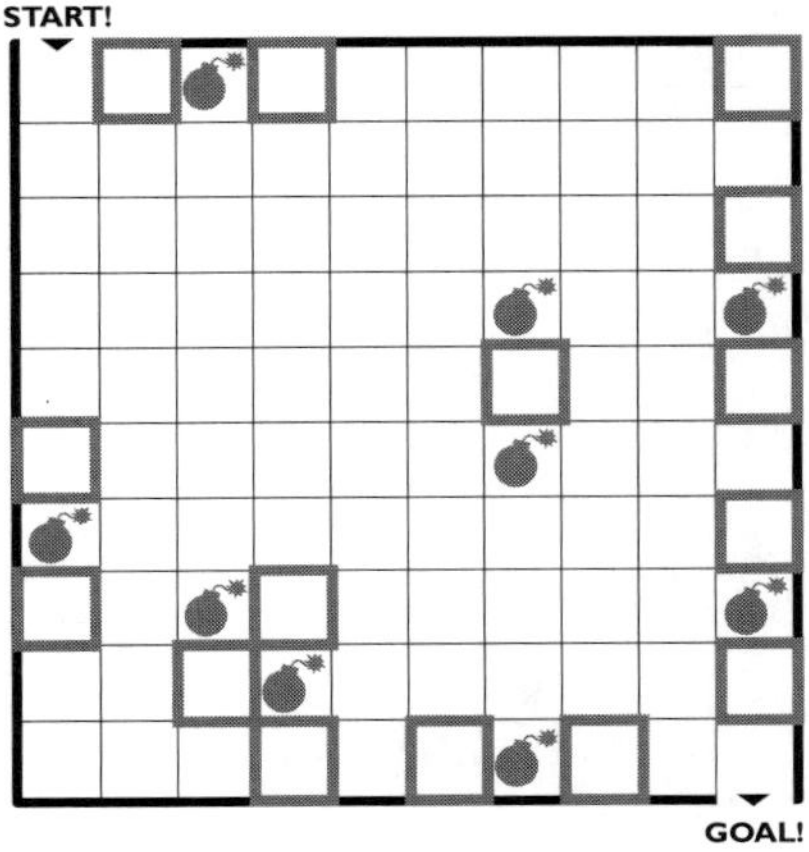

図1

「じゃあ、今から8枚セットのパズルを配る」

と言って、一人ひとりに8枚のパズルをホチキス留めしたものを配ります。

タイマーを30分にセットし、「10秒前！……5秒前……はじめ！」で一斉に解きはじめます。

24ページから「道を作る」の問題を入れていますので、コピーをとるなどして、ぜひお子さんにやらせてみてください。通常編と上級編の2種類あります。

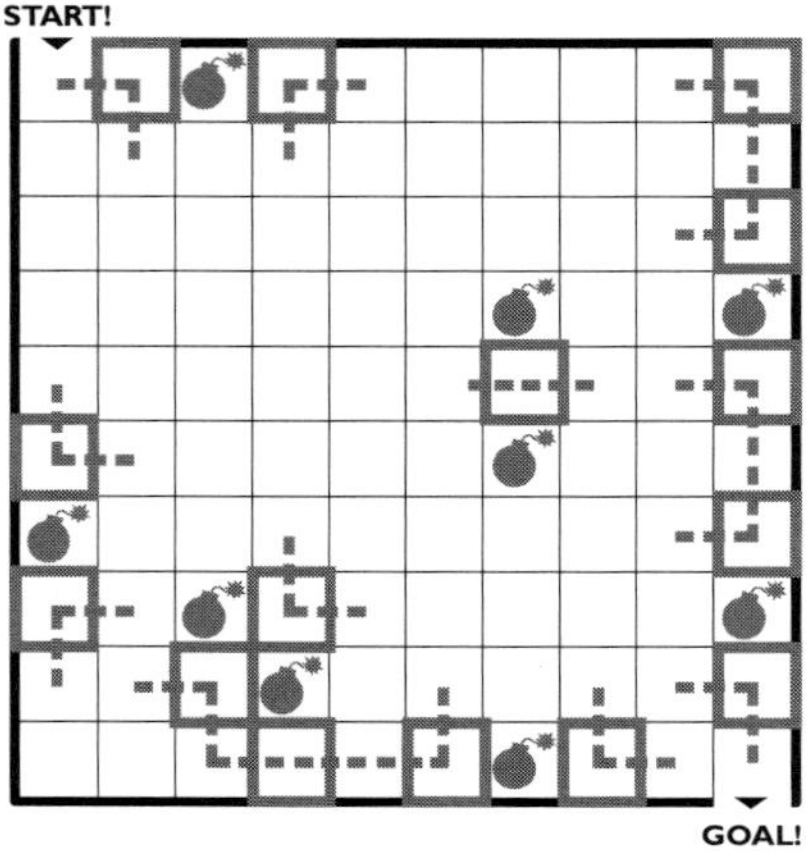

図2

見直しは正解への近道

答えは(http://www.d21.co.jp/shop/isbn9784799319420)に載せていますが、絶対に答えは教えないでください。

答えが近くにあると、多くの場合、すぐに見てしまいますよね。しかし、手元に答えがない場合は、気になる問題は何度も解き直すはずです。

そして、**「何回やり直しても、この答えしかありえない！」と思えれば、ほぼそれが正解なのです。**

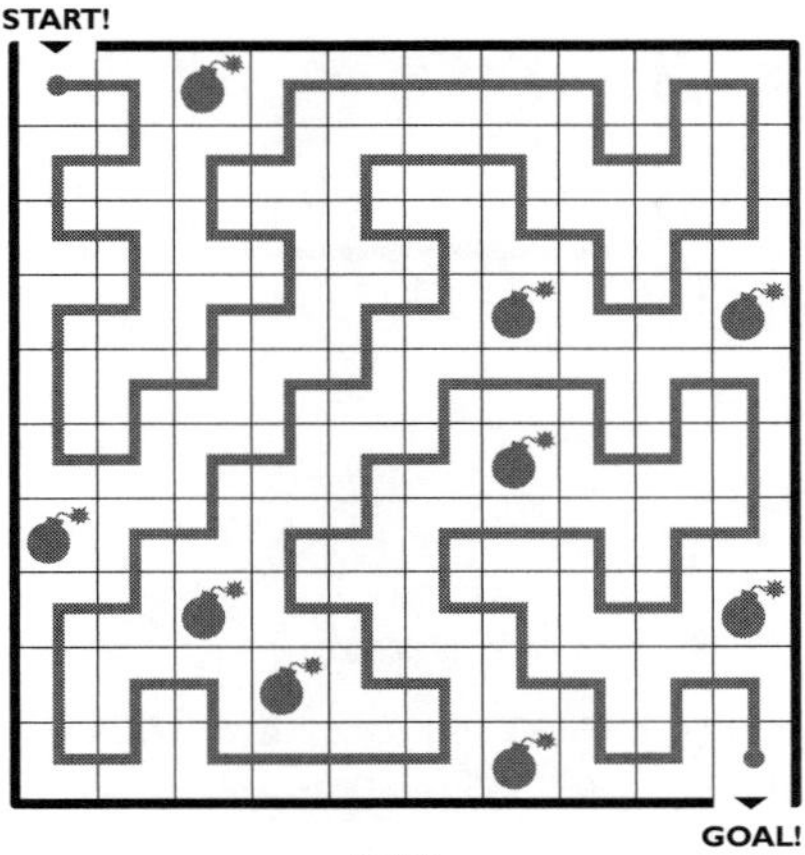

図3

PUZZLE

01

ルールにしたがって、スタートからゴールまでの道順を記入しなさい。

START!

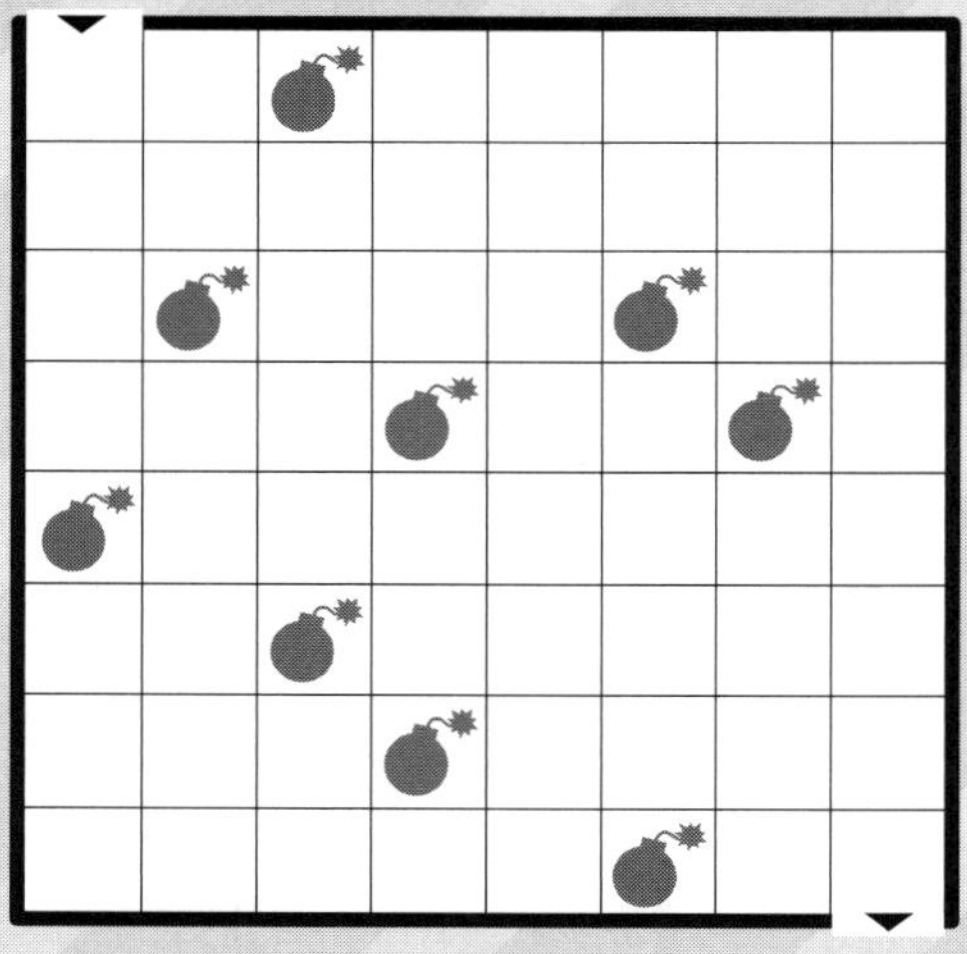

GOAL!

RULE

・のマスは通れない。

・以外のすべてのマスを通らなければならない。

・同じマスを2回以上通ってはいけない。

・進行方向はたて、よこだけで、ななめには進めない。

PUZZLE 02

ルールにしたがって、スタートからゴールまでの道順を記入しなさい。

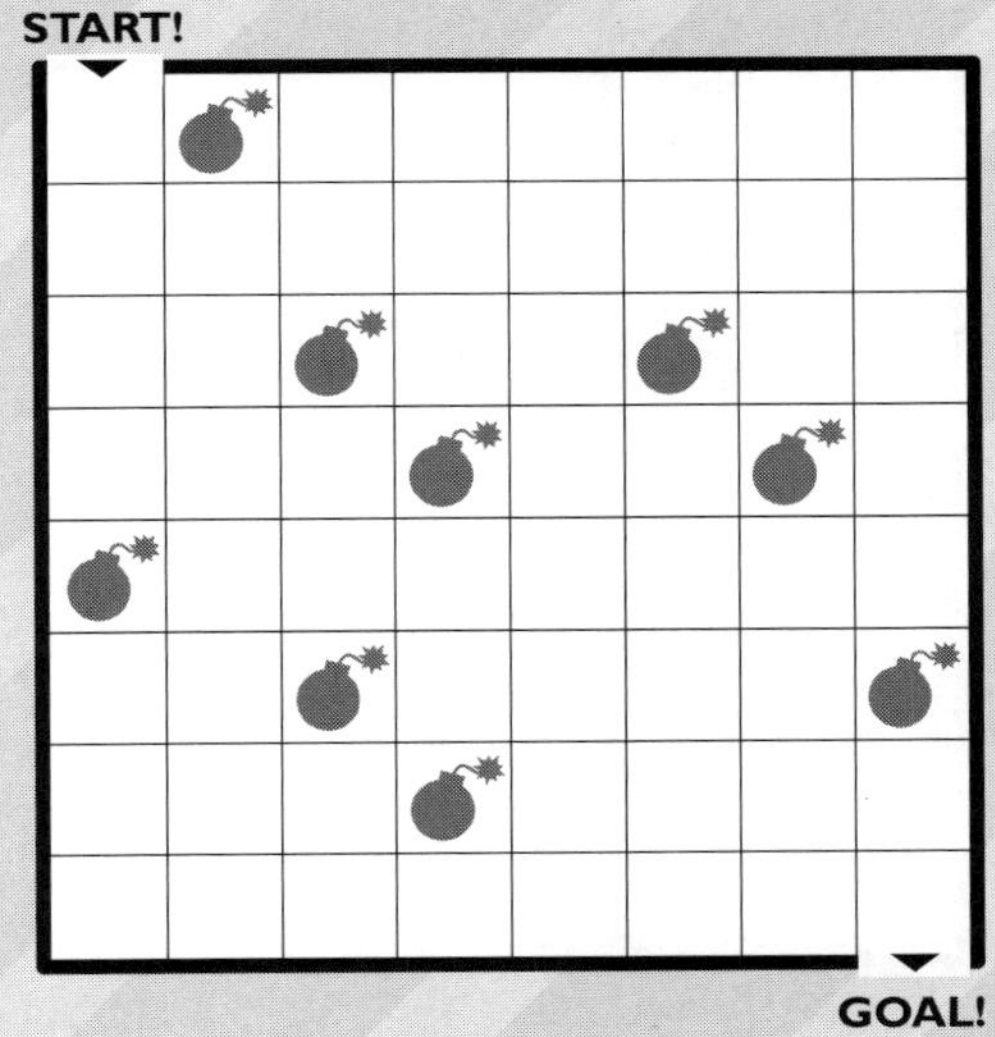

RULE

・のマスは通れない。
・以外のすべてのマスを通らなければならない。
・同じマスを2回以上通ってはいけない。
・進行方向はたて、よこだけで、ななめには進めない。

PUZZLE

03

ルールにしたがって、スタートからゴールまでの道順を記入しなさい。

START!

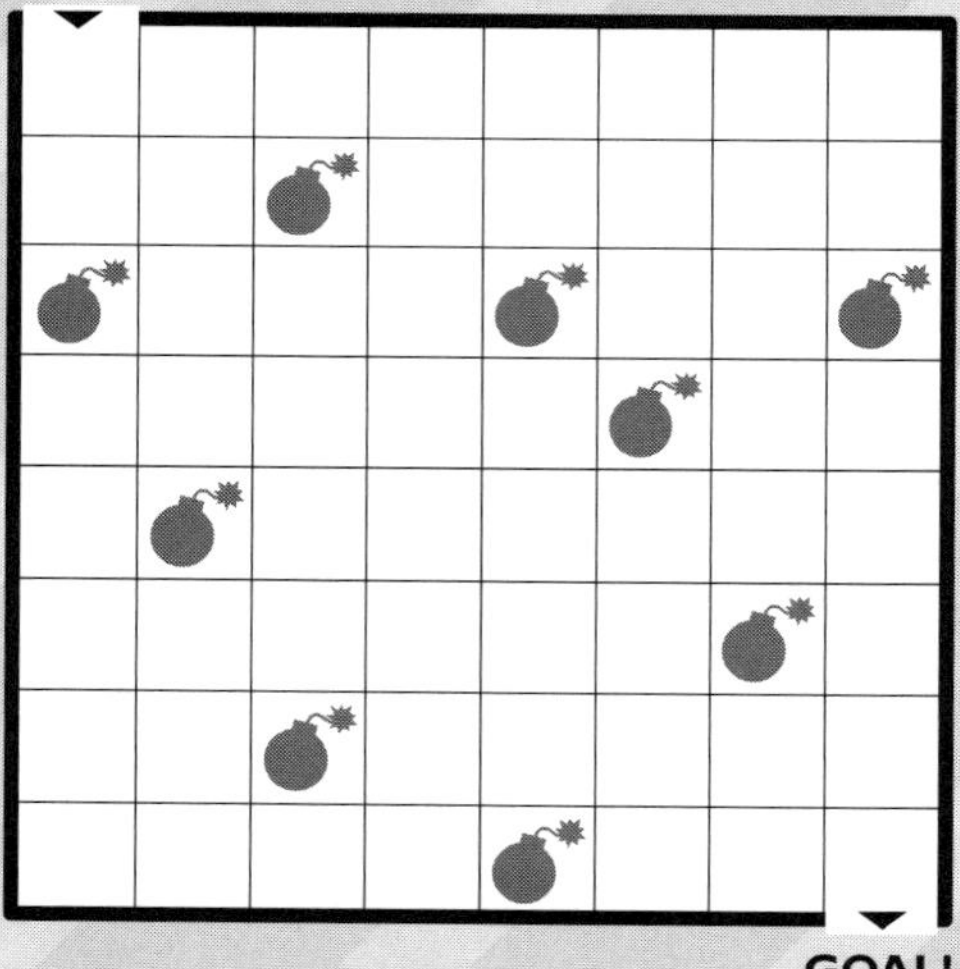

GOAL!

RULE

・のマスは通れない。

・以外のすべてのマスを通らなければならない。

・同じマスを2回以上通ってはいけない。

・進行方向はたて、よこだけで、ななめには進めない。

PUZZLE
04

ルールにしたがって、スタートからゴールまでの道順を記入しなさい。

START!

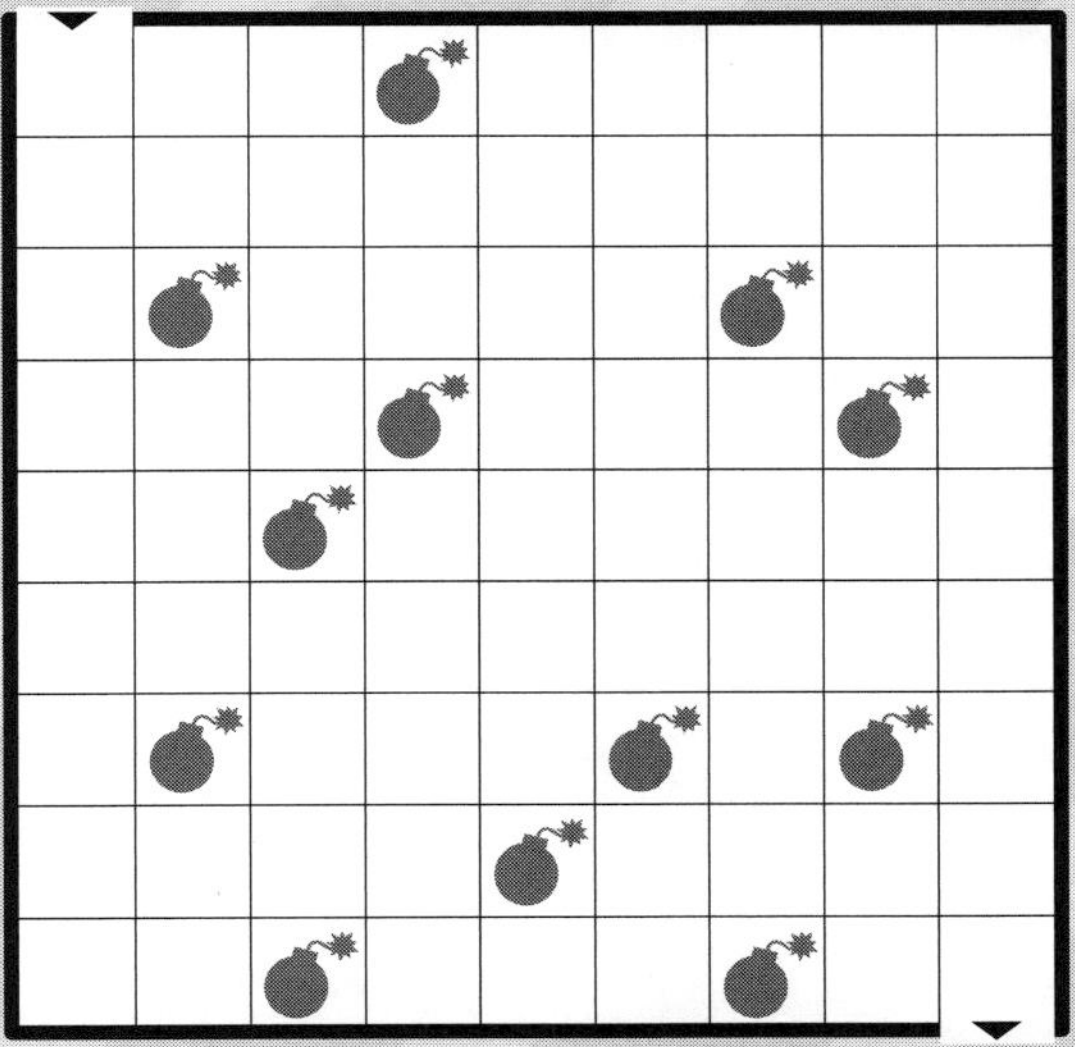

GOAL!

RULE

- のマスは通れない。
- 以外のすべてのマスを通らなければならない。
- 同じマスを2回以上通ってはいけない。
- 進行方向はたて、よこだけで、ななめには進めない。

PUZZLE
05

ルールにしたがって、スタートからゴールまでの道順を記入しなさい。

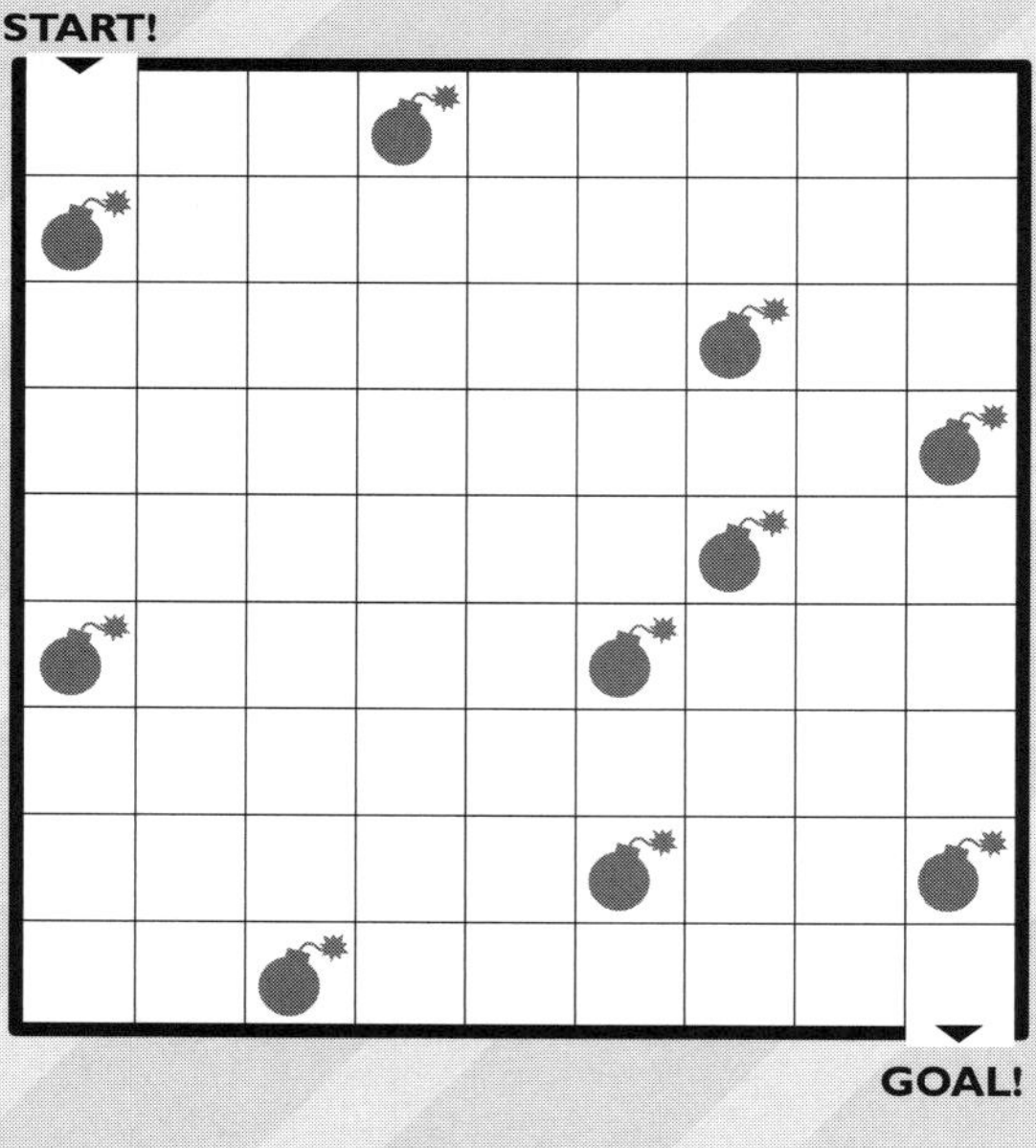

RULE

- のマスは通れない。
- 以外のすべてのマスを通らなければならない。
- 同じマスを2回以上通ってはいけない。
- 進行方向はたて、よこだけで、ななめには進めない。

PUZZLE 06

ルールにしたがって、スタートからゴールまでの道順を記入しなさい。

START!

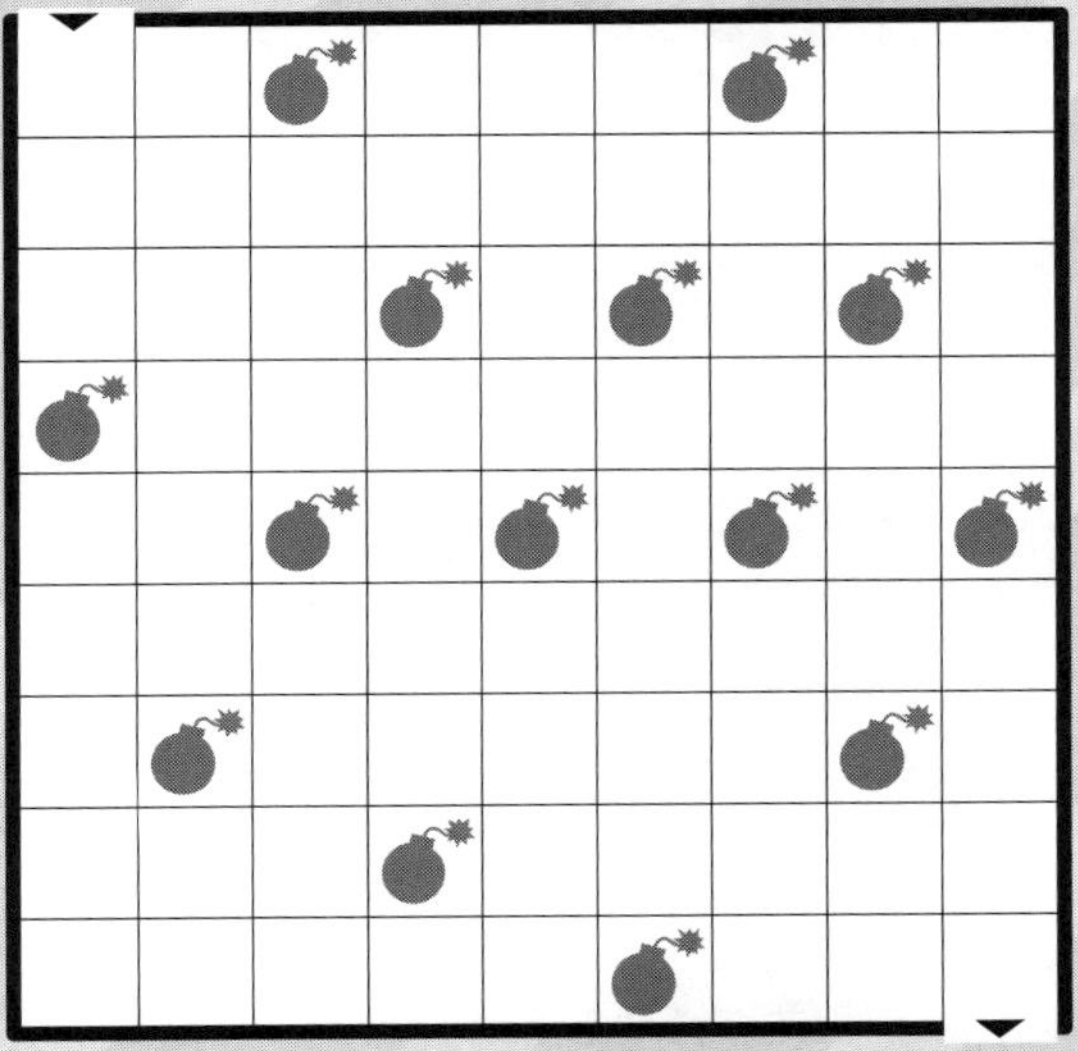

GOAL!

RULE

・ のマスは通れない。
・ 以外のすべてのマスを通らなければならない。
・同じマスを2回以上通ってはいけない。
・進行方向はたて、よこだけで、ななめには進めない。

PUZZLE

07

ルールにしたがって、スタートから
ゴールまでの道順を記入しなさい。

START!

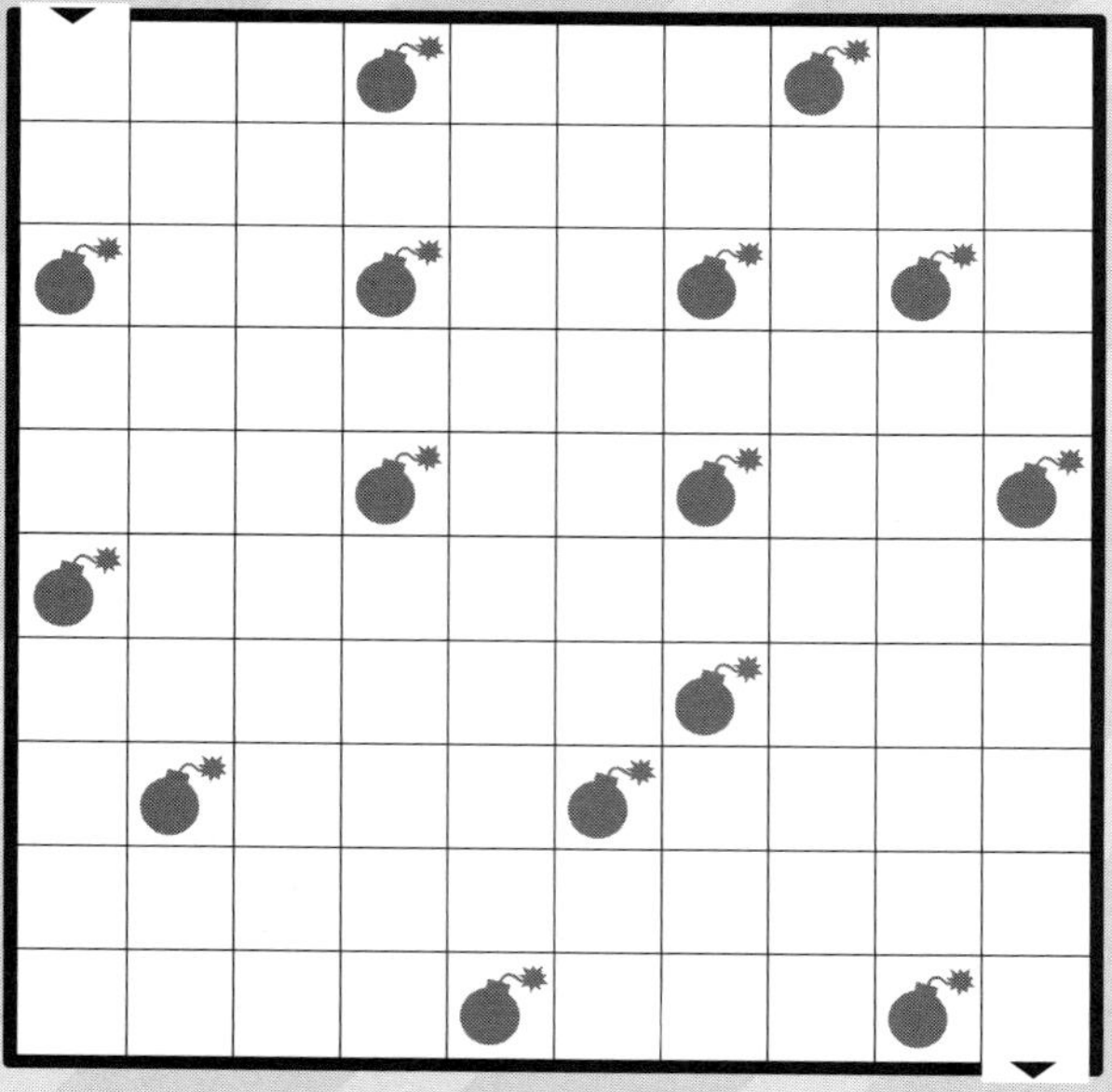

GOAL!

RULE

・のマスは通れない。

・以外のすべてのマスを通らなければならない。

・同じマスを2回以上通ってはいけない。

・進行方向はたて、よこだけで、ななめには進めない。

PUZZLE
08

ルールにしたがって、スタートからゴールまでの道順を記入しなさい。

START!

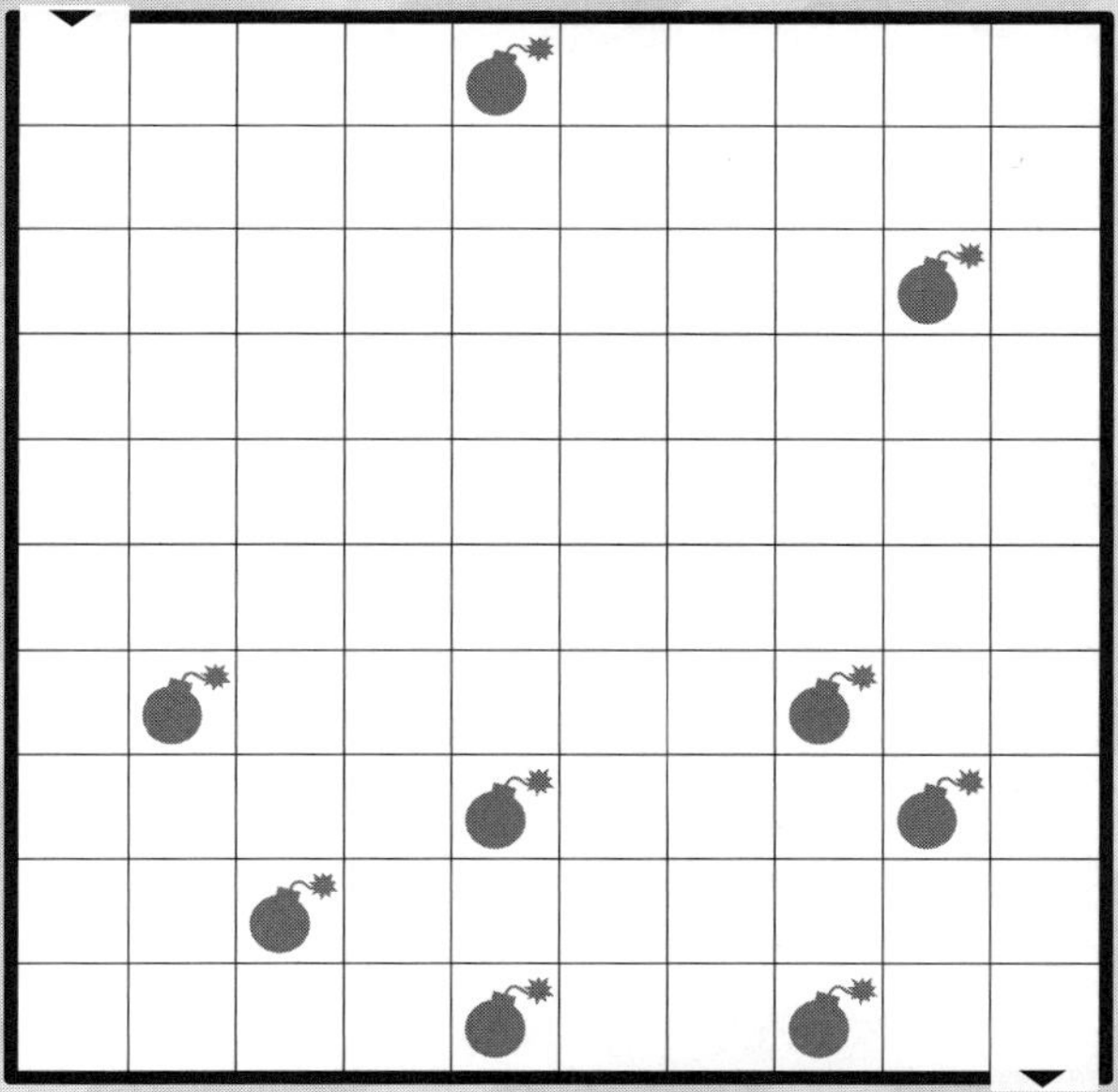

GOAL!

RULE

・のマスは通れない。
・以外のすべてのマスを通らなければならない。
・同じマスを2回以上通ってはいけない。
・進行方向はたて、よこだけで、ななめには進めない。

上級編

01

ルールにしたがって、スタートからゴールまでの道順を記入しなさい。

START!

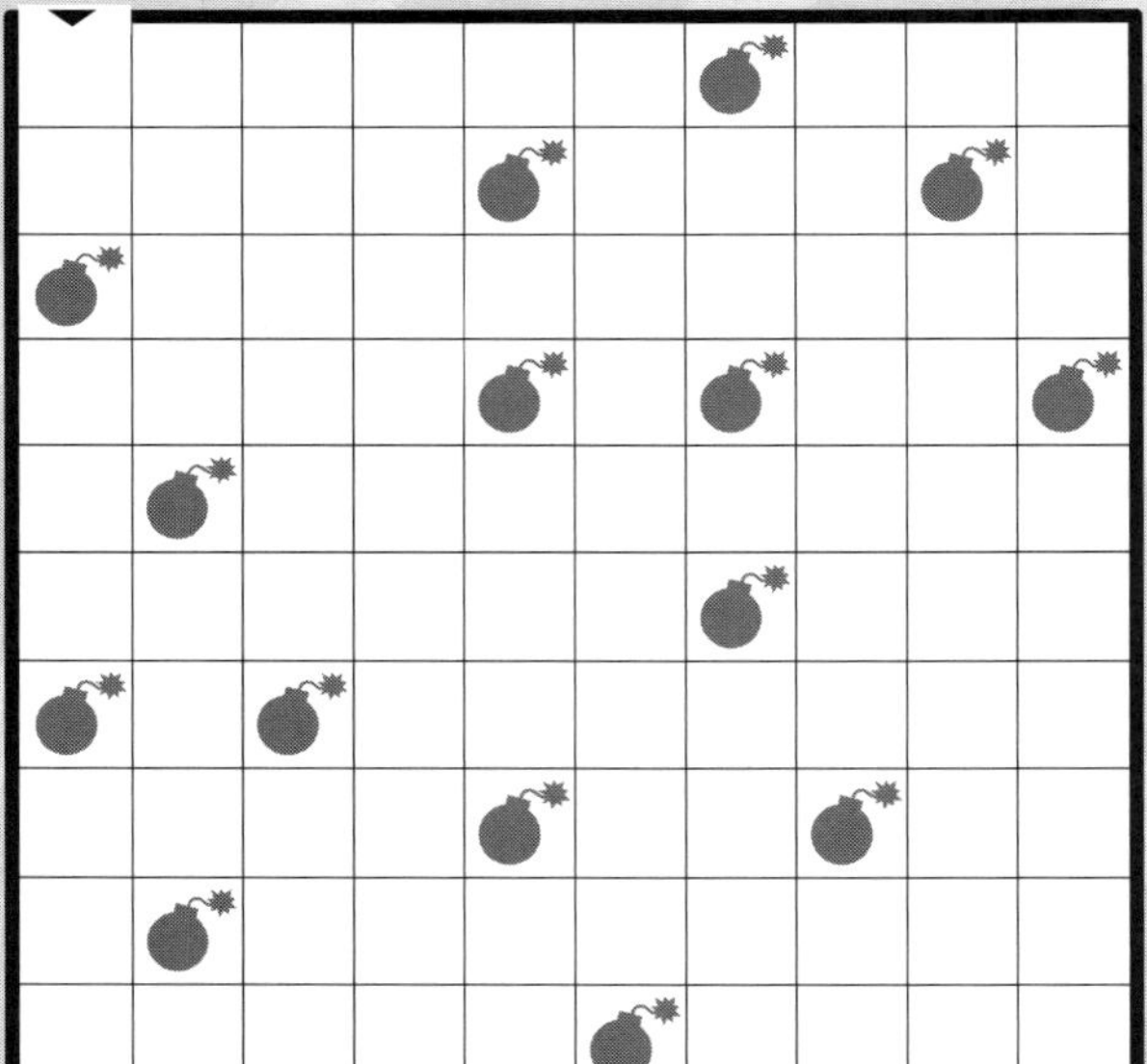

GOAL!

RULE

・のマスは通れない。

・以外のすべてのマスを通らなければならない。

・同じマスを2回以上通ってはいけない。

・進行方向はたて、よこだけで、ななめには進めない。

上級編

02

ルールにしたがって、スタートからゴールまでの道順を記入しなさい。

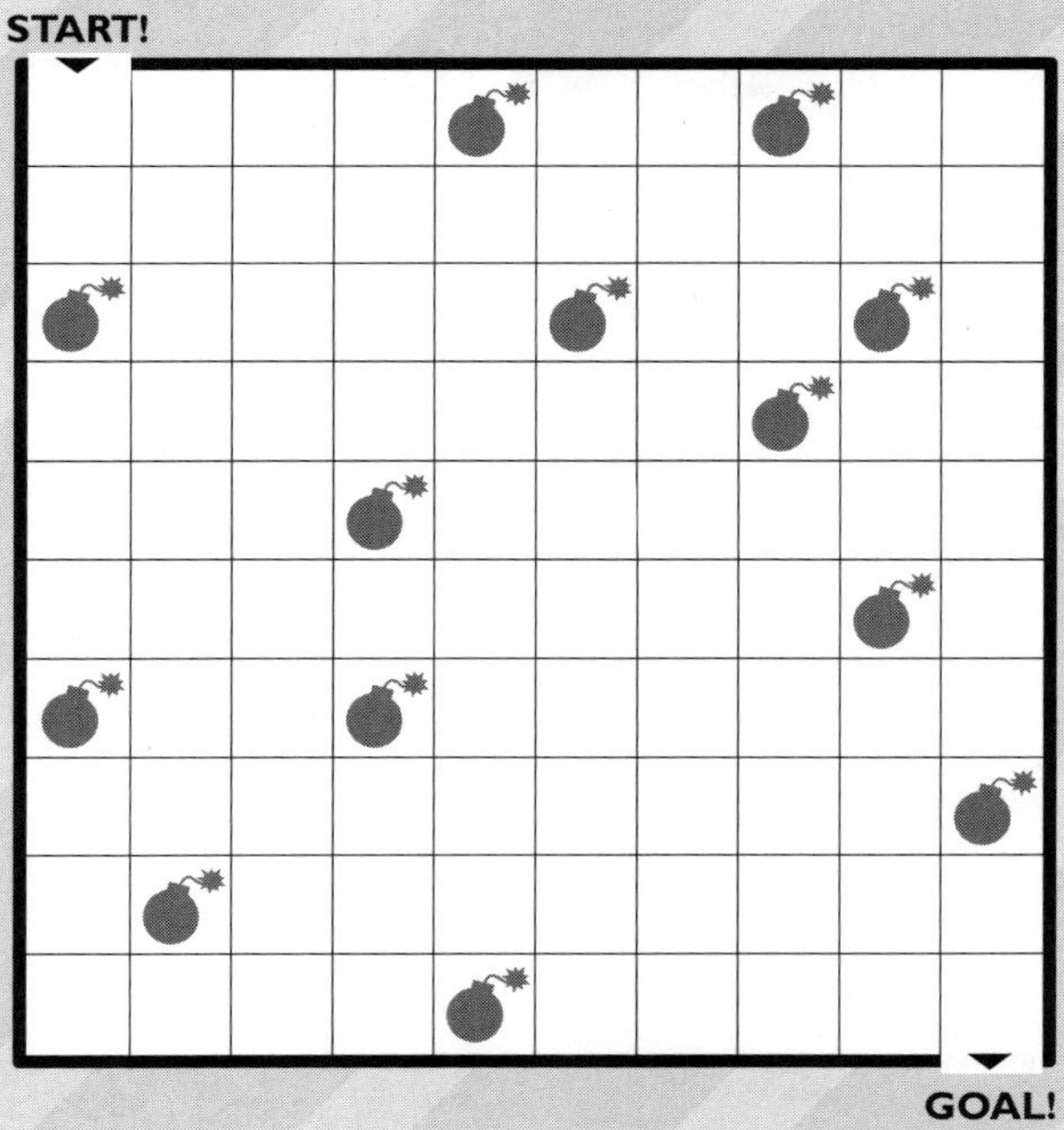

RULE

・のマスは通れない。

・以外のすべてのマスを通らなければならない。

・同じマスを2回以上通ってはいけない。

・進行方向はたて、よこだけで、ななめには進めない。

上級編

03

ルールにしたがって、スタートからゴールまでの道順を記入しなさい。

START!

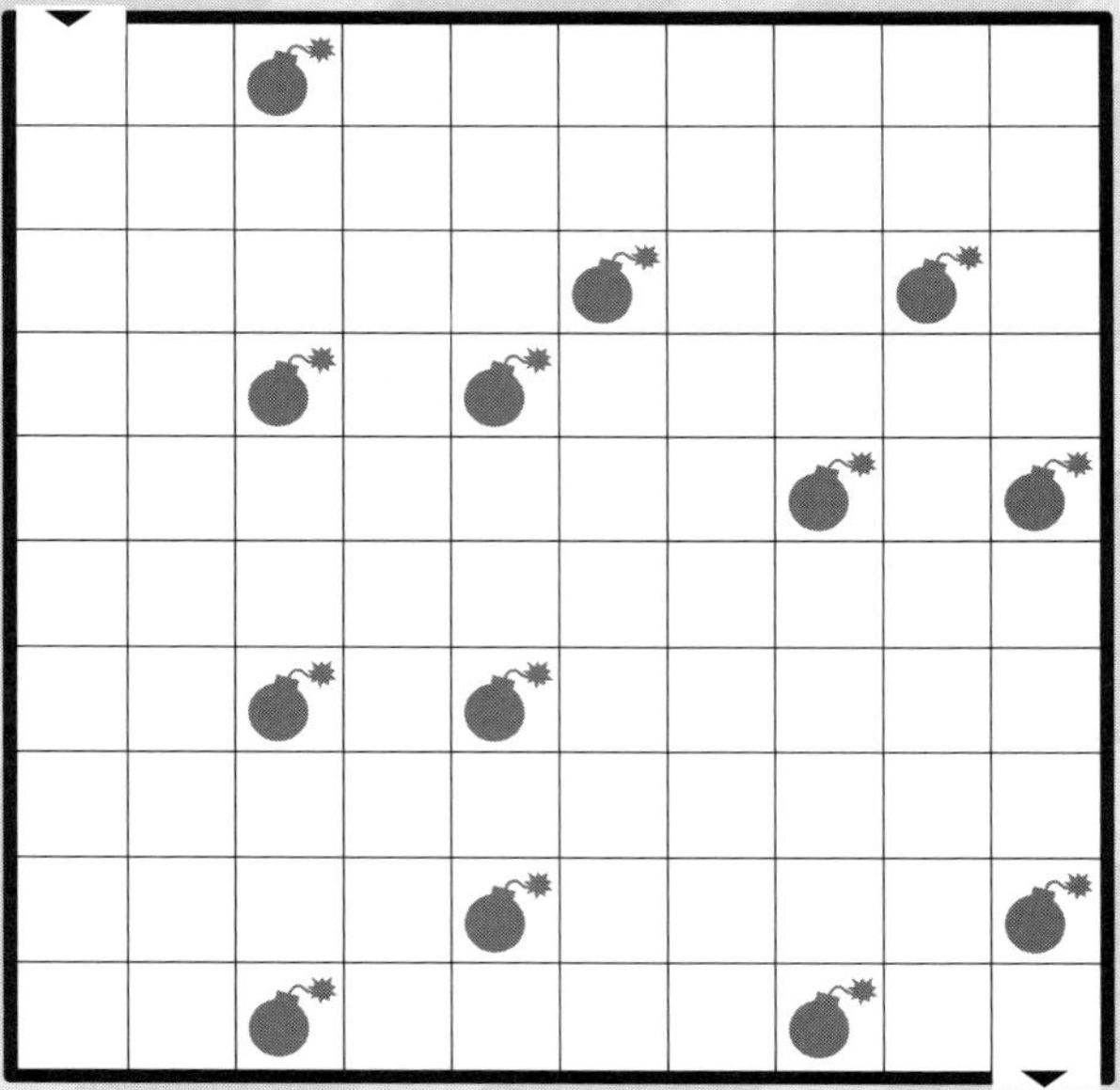

GOAL!

RULE

・ のマスは通れない。

・ 以外のすべてのマスを通らなければならない。

・同じマスを2回以上通ってはいけない。

・進行方向はたて、よこだけで、ななめには進めない。

上級編

04

ルールにしたがって、スタートからゴールまでの道順を記入しなさい。

START!

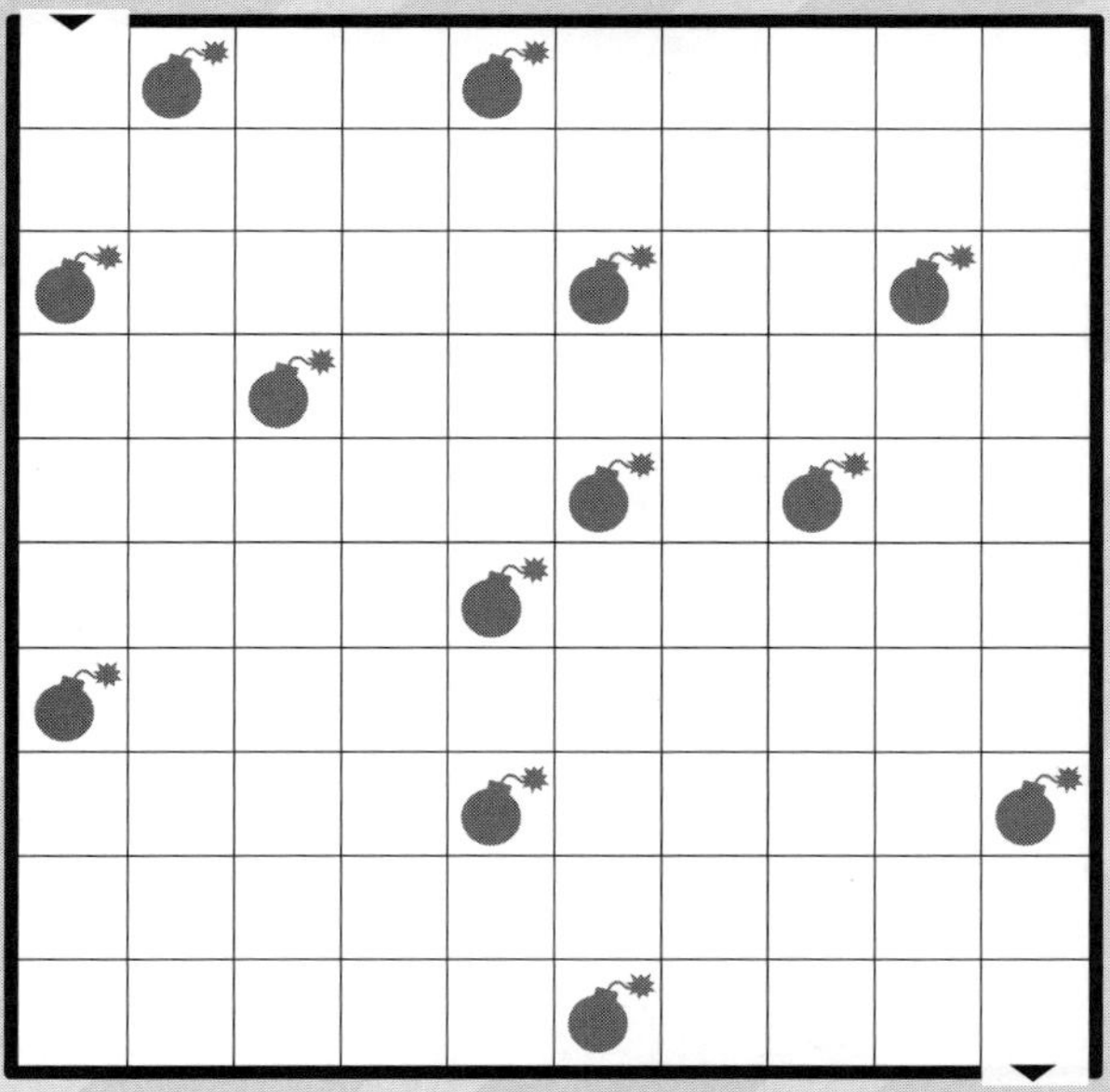

GOAL!

RULE

- のマスは通れない。
- 以外のすべてのマスを通らなければならない。
- 同じマスを2回以上通ってはいけない。
- 進行方向はたて、よこだけで、ななめには進めない。

上級編

05

ルールにしたがって、スタートからゴールまでの道順を記入しなさい。

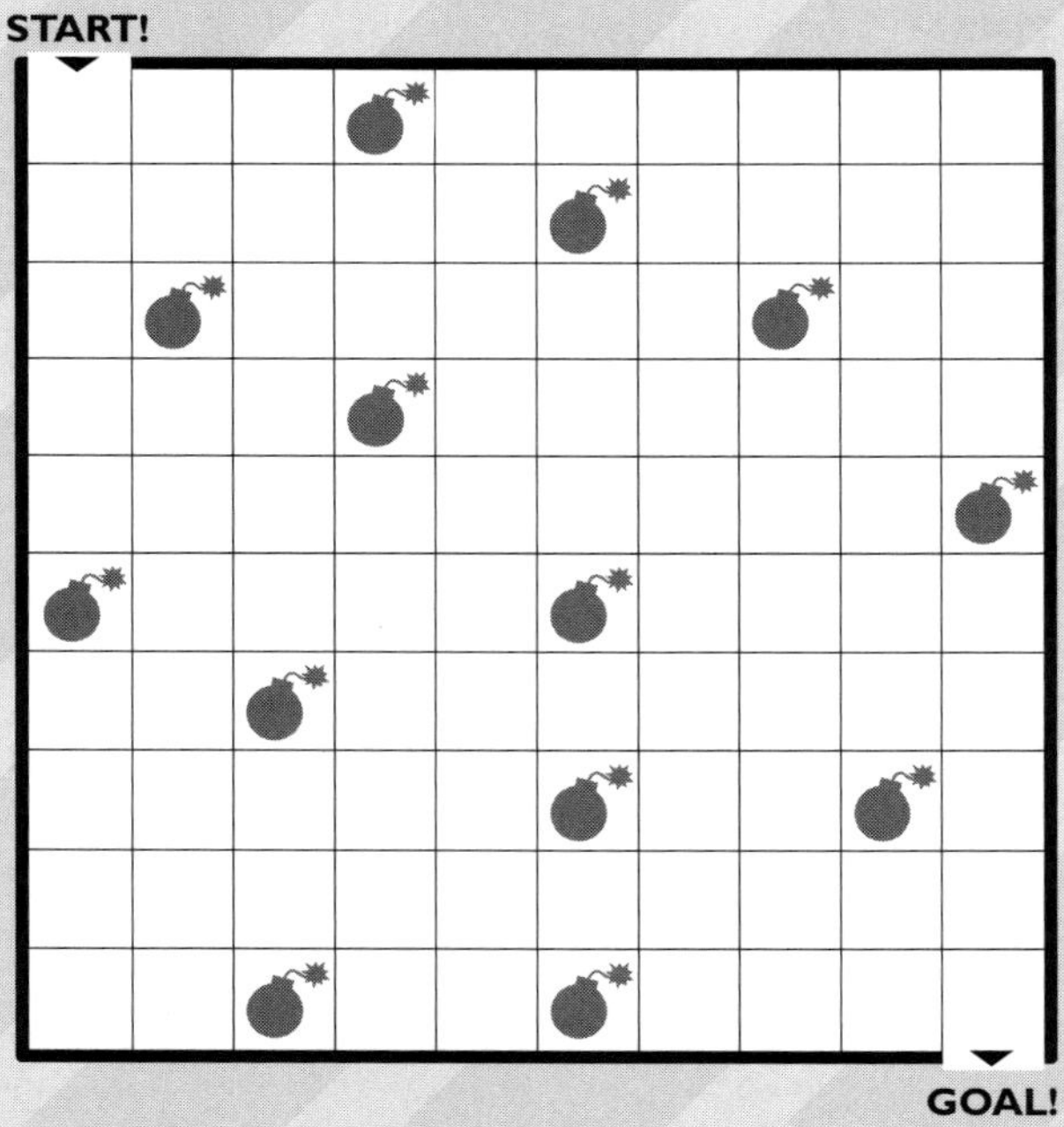

RULE

- のマスは通れない。
- 以外のすべてのマスを通らなければならない。
- 同じマスを2回以上通ってはいけない。
- 進行方向はたて、よこだけで、ななめには進めない。

上級編

06

ルールにしたがって、スタートからゴールまでの道順を記入しなさい。

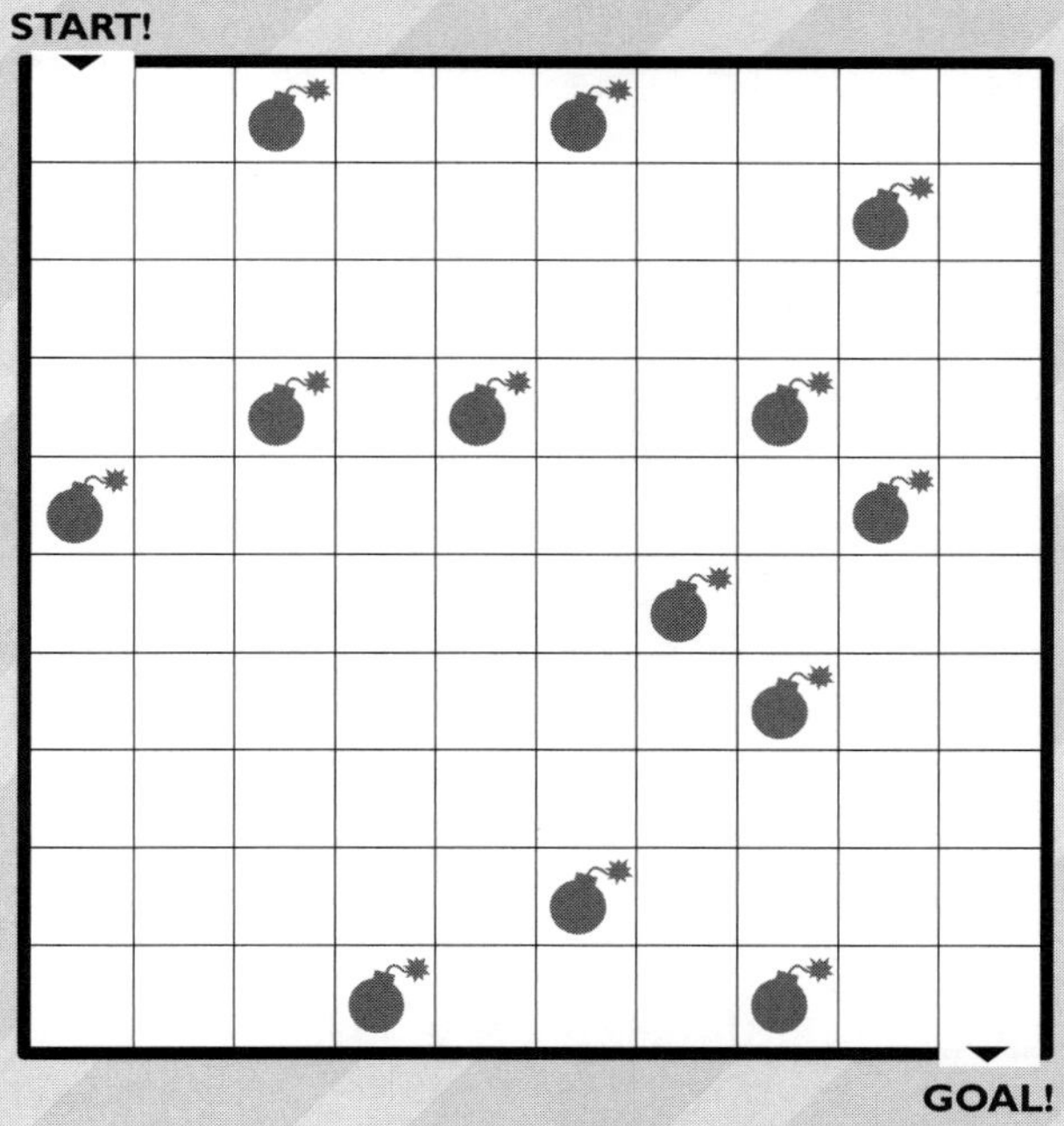

RULE

・のマスは通れない。
・以外のすべてのマスを通らなければならない。
・同じマスを2回以上通ってはいけない。
・進行方向はたて、よこだけで、ななめには進めない。

上級編

07

ルールにしたがって、スタートからゴールまでの道順を記入しなさい。

START!

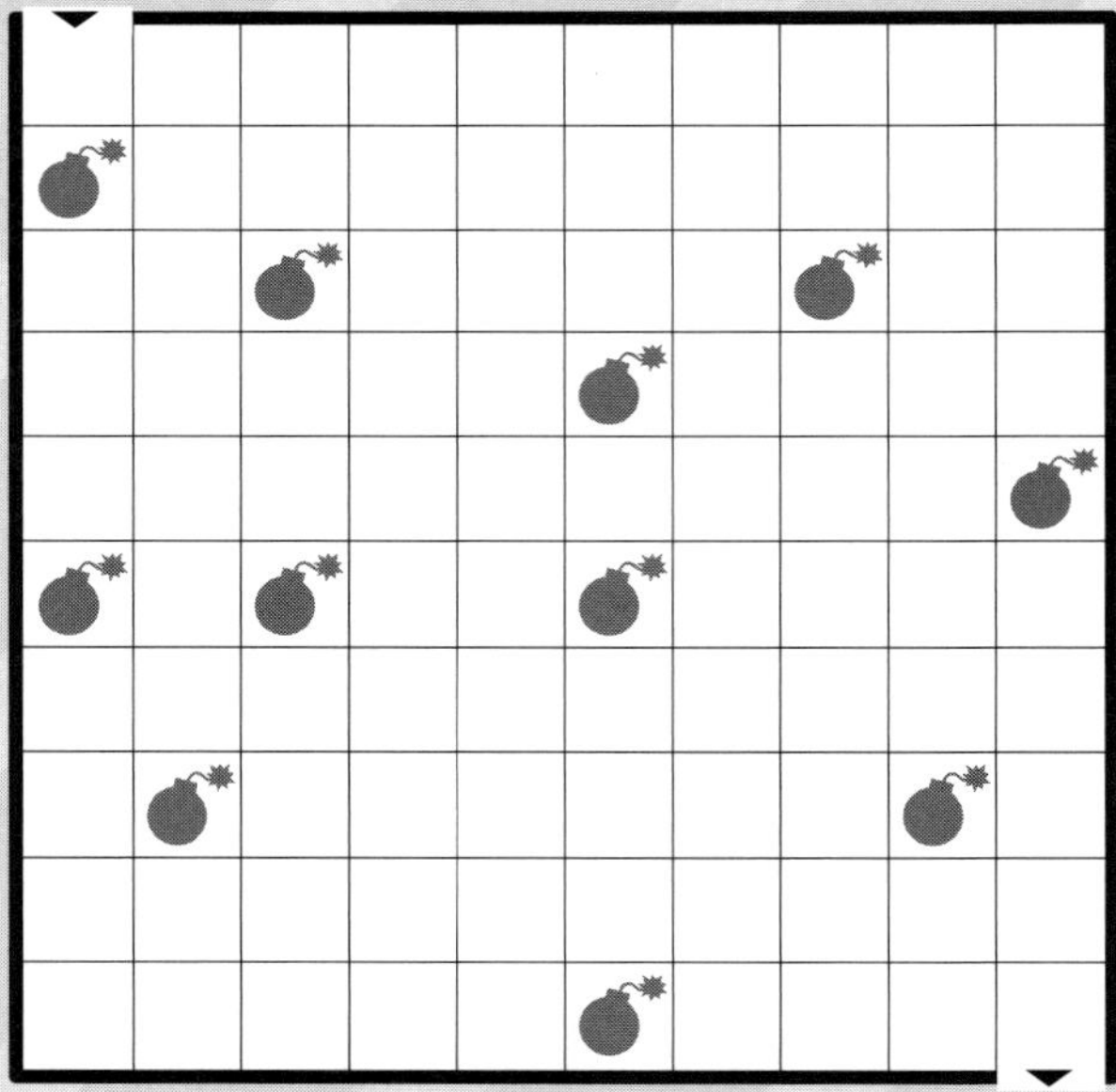

GOAL!

RULE

- のマスは通れない。
- 以外のすべてのマスを通らなければならない。
- 同じマスを2回以上通ってはいけない。
- 進行方向はたて、よこだけで、ななめには進めない。

上級編

08

ルールにしたがって、スタートからゴールまでの道順を記入しなさい。

START!

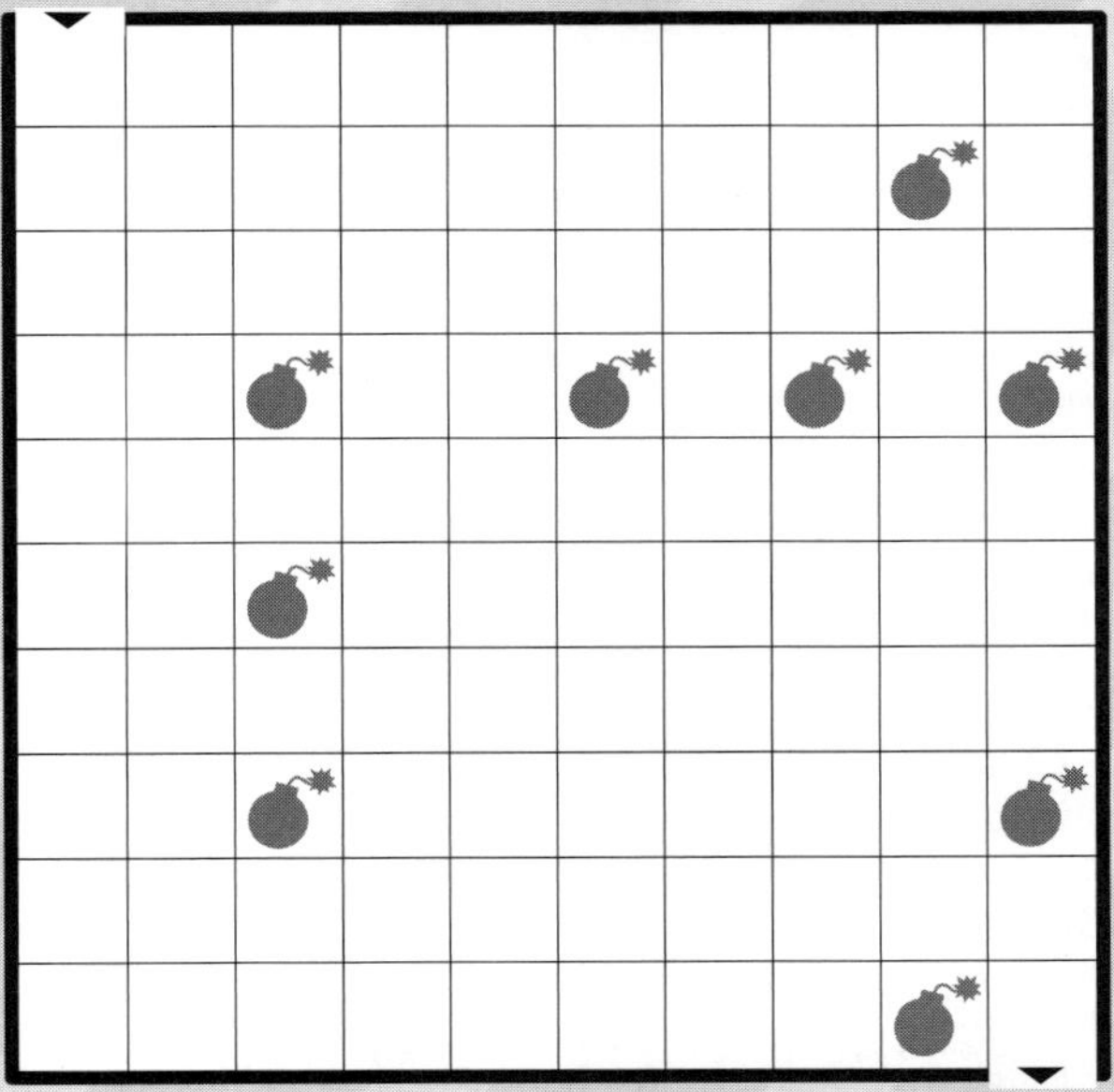

GOAL!

RULE

・ のマスは通れない。

・ 以外のすべてのマスを通らなければならない。

・同じマスを2回以上通ってはいけない。

・進行方向はたて、よこだけで、ななめには進めない。

ポイント制のルールで、見直しの習慣をつける

私は、解答と左の表を持ち、子どもたちの解く様子を見守ります。

1番の問題が解けた子は、静かに手を挙げます。私はその答えを確認し、正解の場合は「マル！」と言い、その子は2番の問題に進めます。

不正解の場合は「ボツ！」と言います。その子は1番の問題をやり直さなければなりません。

正解の場合は1ポイントが得ら

	氏名	1	2	3	4	5	6	7	8
1	山岡								
2	石川								
3	山部								
4	玉田								
5	星川								
6	村瀬								
7	上島								
8	神田								
9	島本								
10	楠田								

れますが、不正解の場合は1ポイントを失います。同じ問題で2回連続間違えると、2回目は2ポイントを失い、合計で3ポイントのマイナスになる、という計算です。

このルールのおかげで、子どもたちは実によく見直しをするようになります。講習授業で外部の子が初めて授業に参加することもありますが、事前に何も伝えずに授業を進めるので、10回連続ボッをくらってマイナス55ポイントになった子もいました。

30分の制限時間内に誰か1人でも8番まで正解すると、「上がり！」と宣言し、そこで打ち切ります（私の教室では、できる子が無駄な時間を過ごすということはありません）。一度もミスをすることなく「上がり」になった場合は、ポイントを2倍にします。そして、それぞれの子どもの獲得ポイントを黒板に記入します。

この日は、誰も8番まで正解しないうちに制限時間になってしまいましたが、山岡が7問正解でトップでした。

石川は5問正解しましたが、2番の問題で1回間違えたので、4ポイントです。

島本は2問正解しましたが、3番で3回連続ボッだったので、マイナス4ポイントです。

ハートの中のポイントは没収ポイントの合計です。「愛の共同募金箱」と呼んでいますが、一般の共同募金と異なり、決して恵まれない人のところには行きません。

たとえば、もし山岡が8問ともノーミスで正解していたら、ポイントは倍増し、共同募金箱のポイントももらえるので、8×2＋3＝19（ポイント）になります。

2つめのパズル「計算ブロック・たし算」

2つめのパズルに入る前に、黒板で1題、例題をやります。

この問題を制限時間5分でやらせたところ、正解

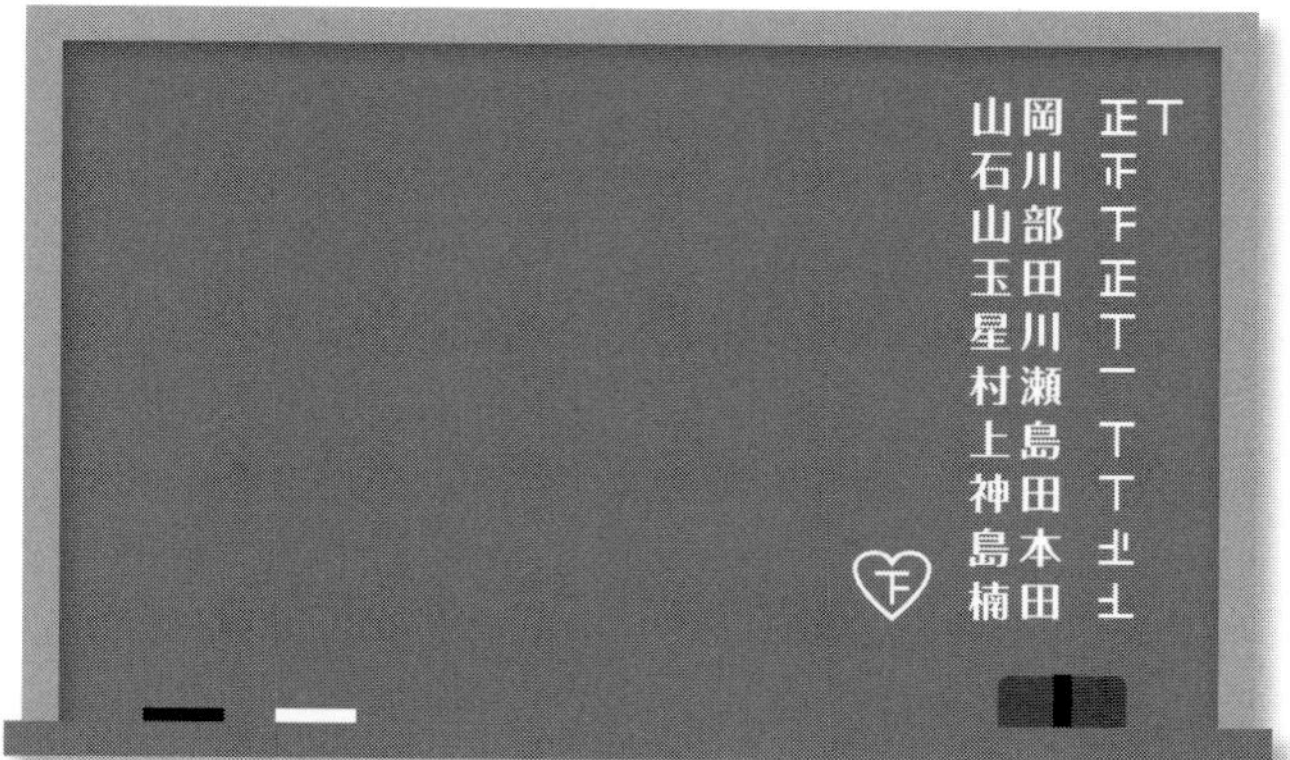

者は2人でした。

黒板の問題を解くときは、答えが出たら手を挙げて私に答えを見せることになっていますが、私はそれが正解か不正解かは伝えません。制限時間いっぱい見直しをさせます。

見直しを怠っていると、黒板の名前の横にチェックを入れます。チェックが入ると、不正解のときにはマイナスになります（黒板問題のときは、不正解でもマイナスにはなりません）。

	氏名	1	2	3	4	5	6	7	8
1	山岡	○	○	○	○	○	○	○	
2	石川	○	✓○	○	○	○			
3	山部	○	○	○					
4	玉田	○	○	○	○	○			
5	星川	○	○						
6	村瀬	○							
7	上島	○	○						
8	神田	○	○						
9	島本	○	○	✓✓✓					
10	楠田	✓✓							

例題

ルールにしたがって、1から5までの数字を入れなさい。

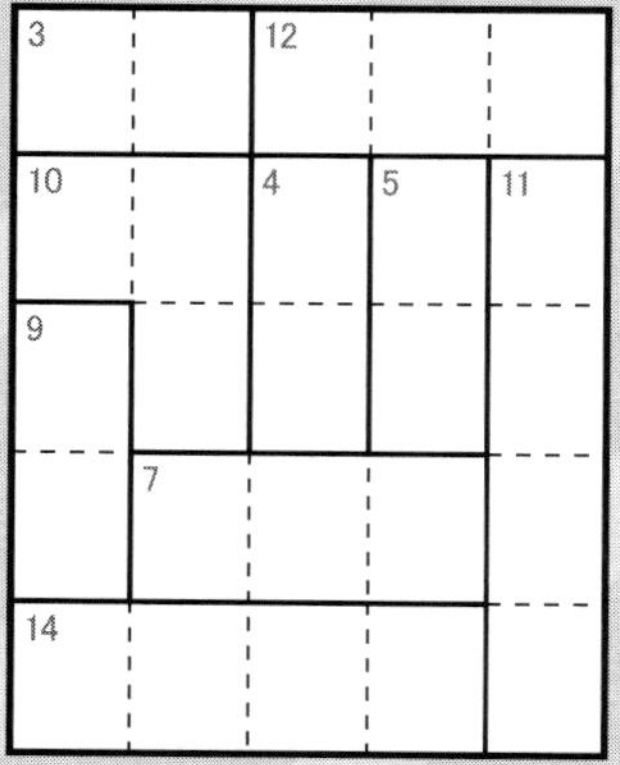

RULE

・図のマスに1～5までの数字を1つずつ入れます。

・どの列（たて、よこども）にも1～5の数字が1つずつ入ります。

・ブロックの中の数字は、太線でかこまれたブロックに入る数の和（たしたもの）になります。

生徒自身に解説させる

制限時間が来てタイマーが鳴ると問題の解説に入りますが、なるべく生徒にしゃべらせるようにします。指名はせずに、勝手にしゃべらせます。


「オコソトノの和は？」「15！」

「じゃあ、オは？」「4！」

「ナニヌネの和が14だから……」

「ノは？」「1！」

「サタの組み合わせは？」「4と5！」

「チツテの組み合わせは？」「1と2と4！」

「じゃあ、タは？」「5！」

「トは？」「3！」

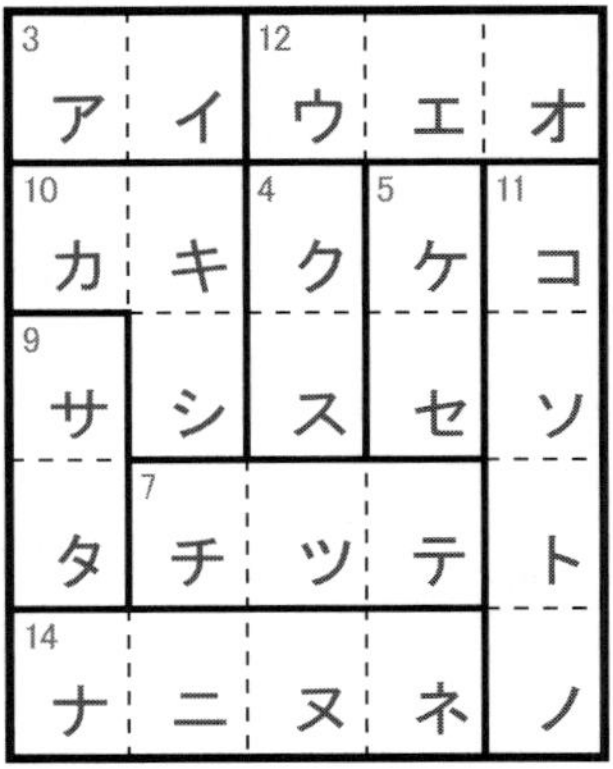

「サは？」「4！」

「クスの組み合わせは？」「1と3！」

「ウエの組み合わせは？」「3と5！」

「じゃあ、エは？」「3！」

「ウは？」「5！」

「ケセの組み合わせは？」「1と4！」

「じゃあ、ケは？」「4！」

「セは？」「1！」

「テは？」「2！」

「ネは？」「5！」

「チは？」「1！」

「ツは？」「4！」

「ヌは？」「2！」

「クは？」「1！」

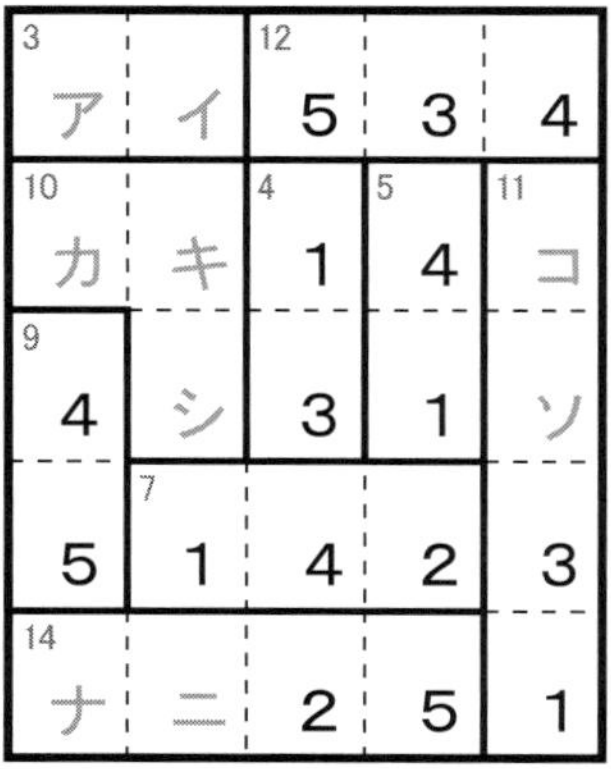

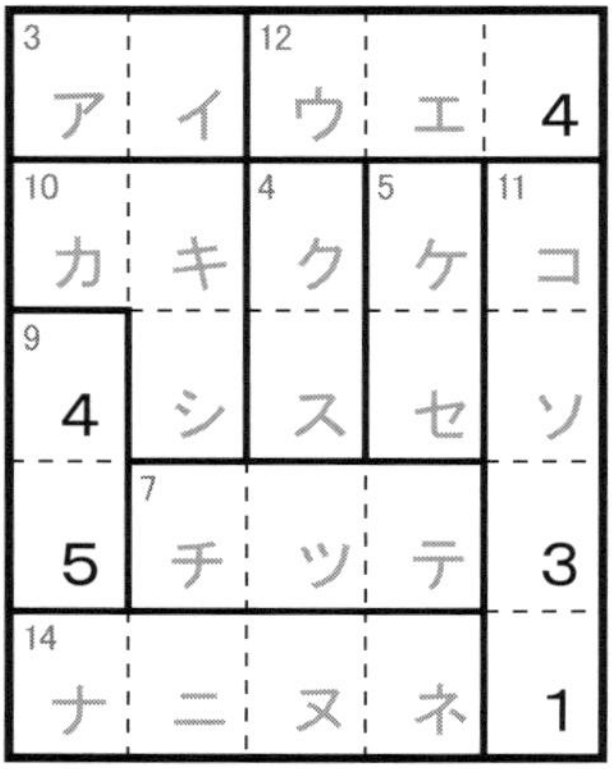

「スは？」「3！」

「ニは？」「4！」

「ナは？」「3！」

「ア、イの組み合わせは？」「1と2！」

「じゃあ、アは？」「1！」

「イは？」「2！」

「カは？」「2！」

「じゃあ、キは？」「3！」

「シは？」「5！」

「コは？」「5！」

「ソは？」「2！」

「できた人？」

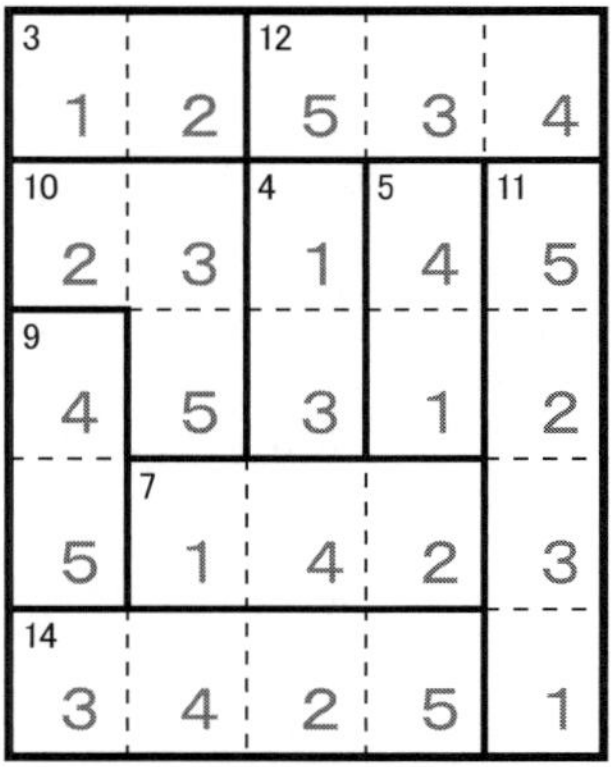

正解者は手を挙げ、1ポイントが加算されます。私が答えの確認をしているので、イン

チキはできません。

私にノートを見せていない子の正解は無効です。また、私に見せたあとで答えを修正した場合は、もう一度手を挙げて私にノートを見せなければなりません。

このルールは、緊張感を持続させるのに役に立ちます。

「じゃあ、このパズルをやってみよう」と言い、6枚セットのパズル（49～54ページ）を配ります。

「制限時間は35分だ。10秒前！……5秒前……はじめ！」

55ページからは、上級編を8題掲載しているので、6枚セットのほうが全問できたら挑戦させてみてください。

もう一度言いますが、お子さんに解かせるときは、答えもヒントも絶対に与えないでください。

PUZZLE 01

ルールにしたがって、1から4までの数字を入れなさい。

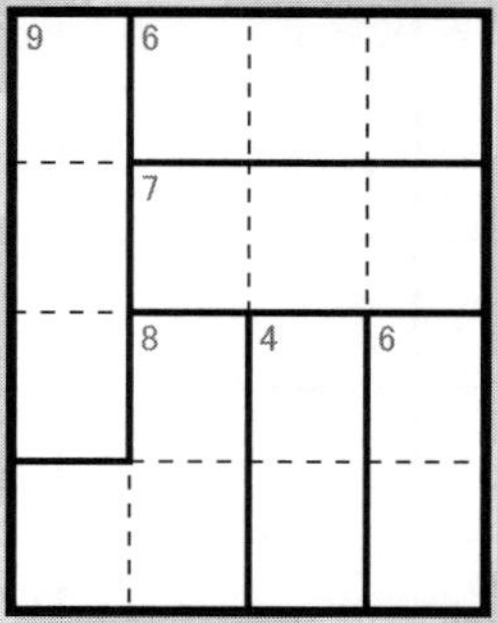

RULE

- 図のマスに1 ～4までの数字を1つずつ入れます。
- どの列（たて、よことも）にも1 ～4の数字が1つずつ入ります。
- ブロックの中の数字は、太線でかこまれたブロックに入る数の和（たしたもの）になります。

PUZZLE

02

ルールにしたがって、
1から5までの数字を入れなさい。

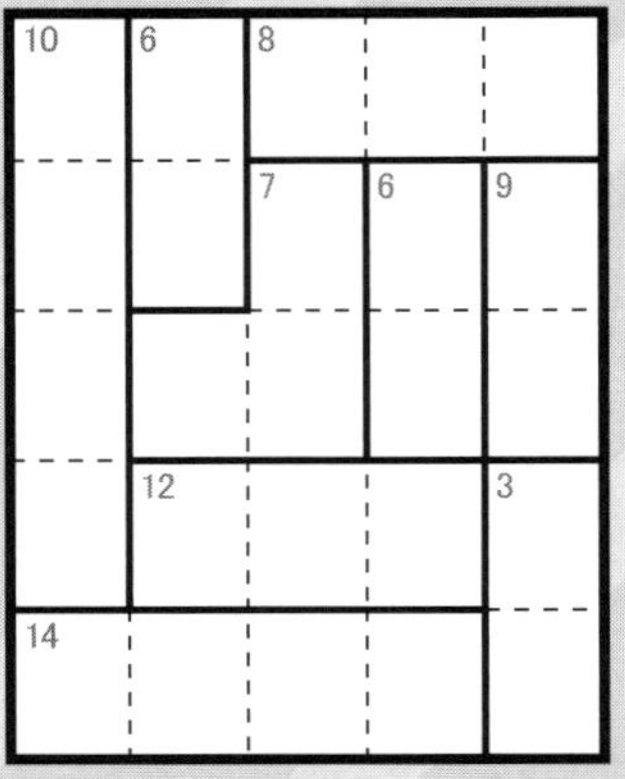

RULE

・図のマスに1～5までの数字を1つずつ入れます。

・どの列（たて、よことも）にも1～5の数字が1つずつ入ります。

・ブロックの中の数字は、太線でかこまれたブロックに入る数の和（たしたもの）になります。

PUZZLE 03

ルールにしたがって、1から6までの数字を入れなさい。

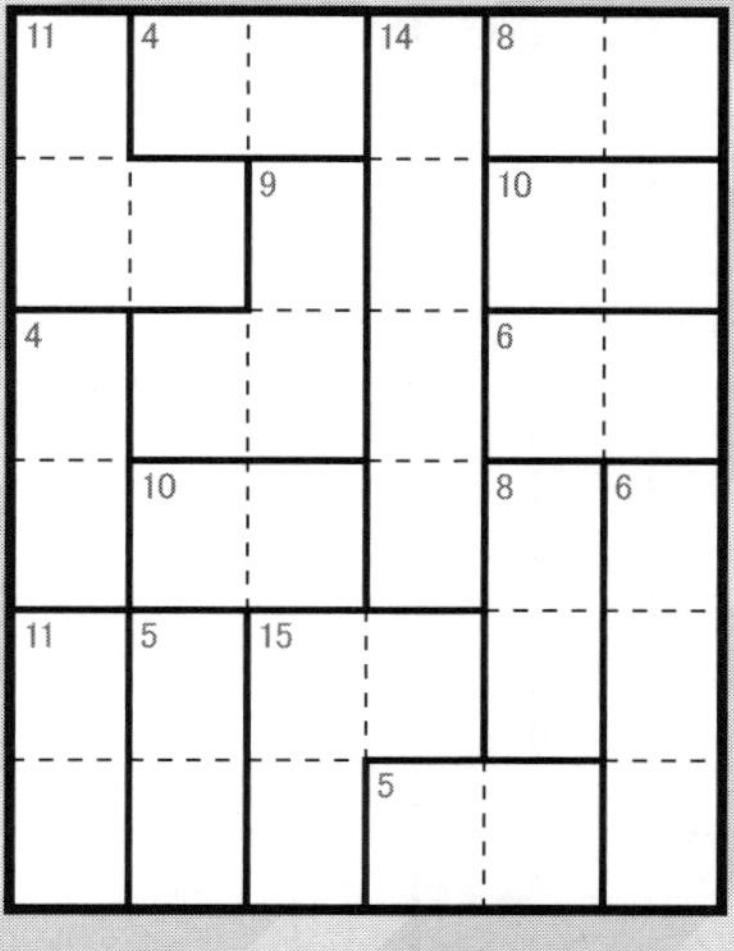

RULE

・図のマスに1～6までの数字を1つずつ入れます。

・どの列（たて、よことも）にも1～6の数字が1つずつ入ります。

・ブロックの中の数字は、太線でかこまれたブロックに入る数の和（たしたもの）になります。

PUZZLE

04

ルールにしたがって、1から7までの数字を入れなさい。

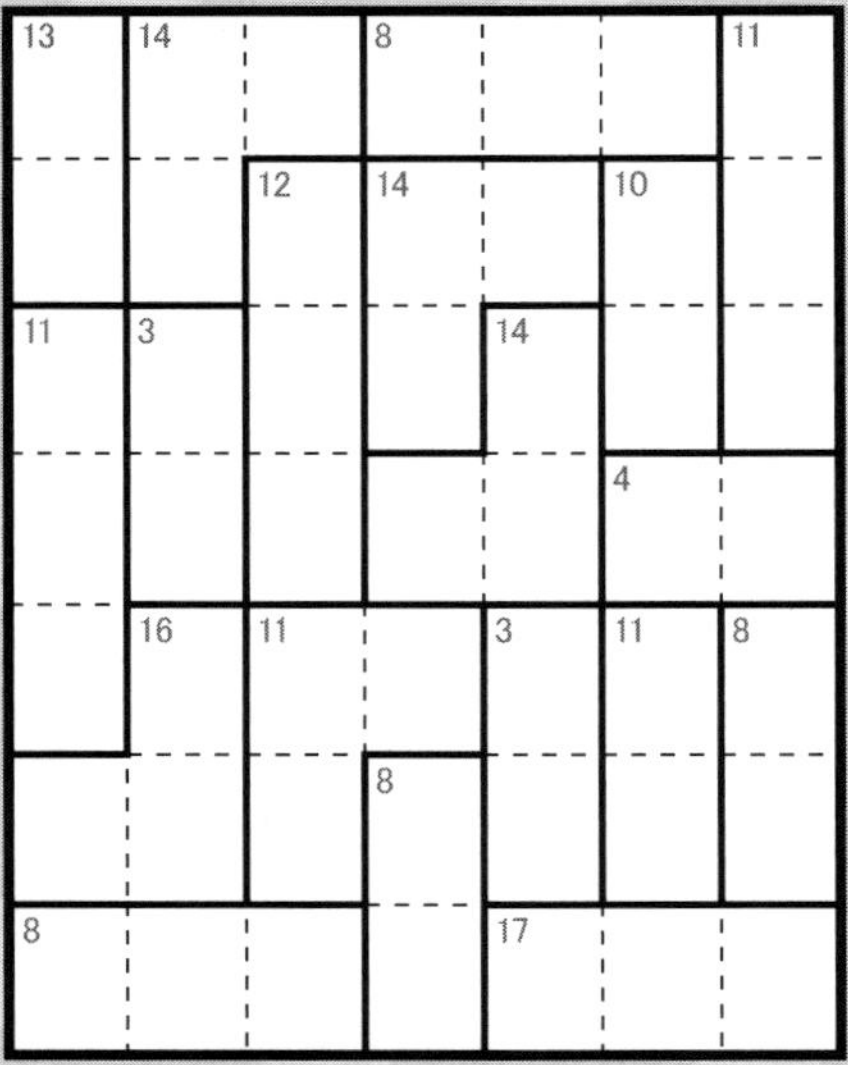

RULE

・図のマスに1～7までの数字を1つずつ入れます。

・どの列（たて、よこともに）にも1～7の数字が1つずつ入ります。

・ブロックの中の数字は、太線でかこまれたブロックに入る数の和（たしたもの）になります。

PUZZLE
05

ルールにしたがって、1から8までの数字を入れなさい。

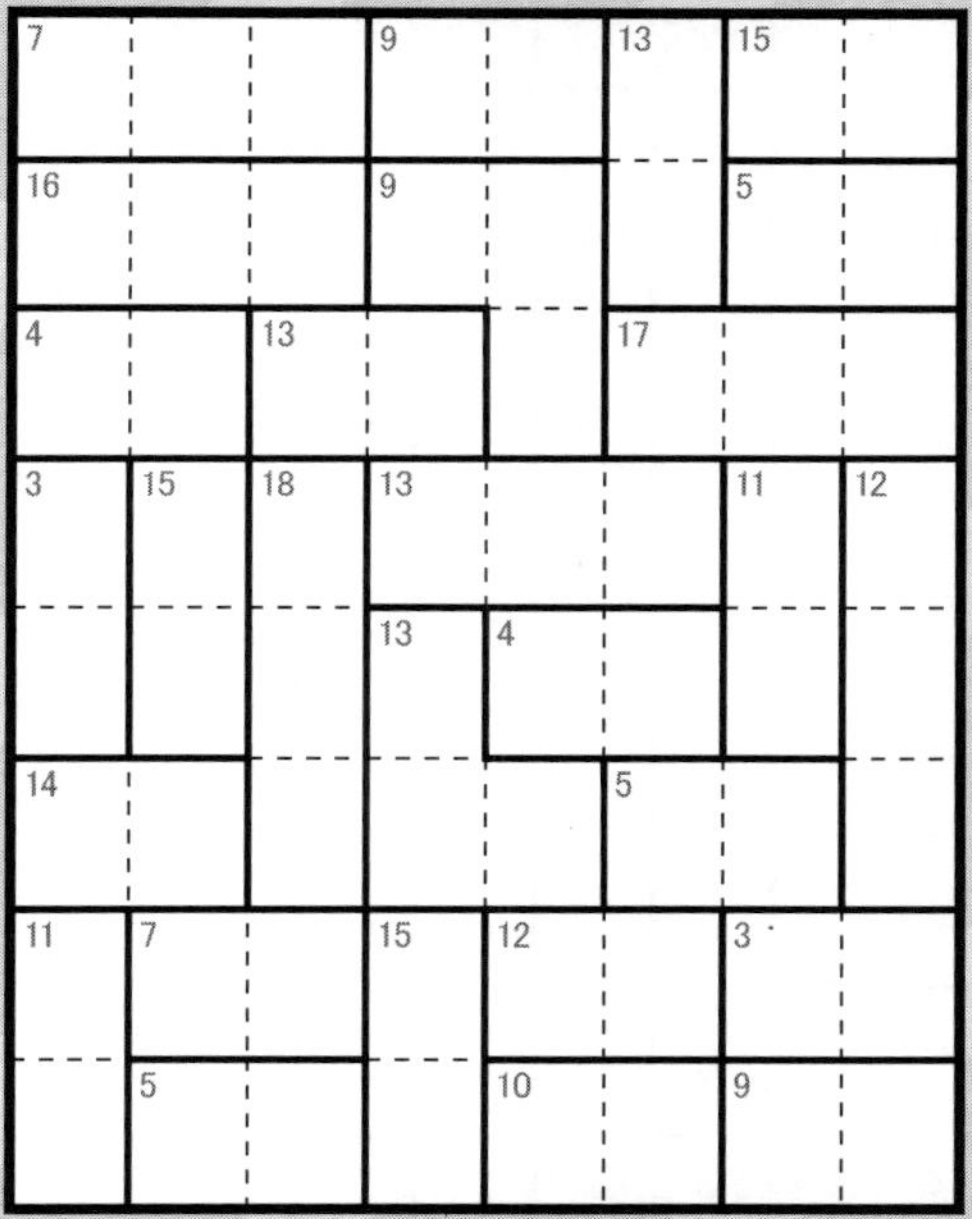

RULE

・図のマスに1～8までの数字を1つずつ入れます。

・どの列（たて、よこども）にも1～8の数字が1つずつ入ります。

・ブロックの中の数字は、太線でかこまれたブロックに入る数の和（たしたもの）になります。

PUZZLE

06

ルールにしたがって、1から9までの数字を入れなさい。

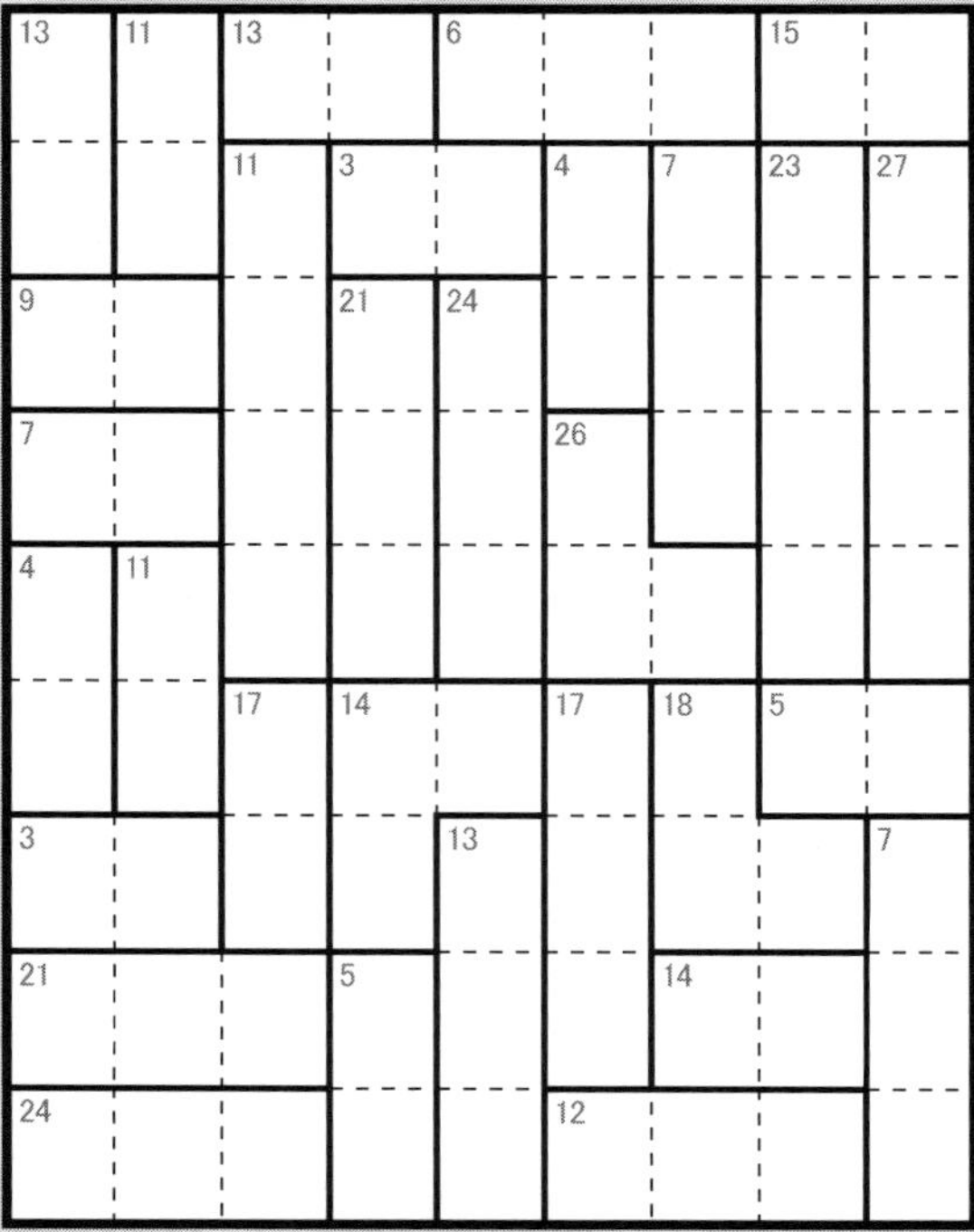

RULE

・図のマスに1～9までの数字を1つずつ入れます。

・どの列（たて、よことも）にも1～9の数字が1つずつ入ります。

・ブロックの中の数字は、太線でかこまれたブロックに入る数の和（たしたもの）になります。

上級編

01

ルールにしたがって、1から9までの数字を入れなさい。

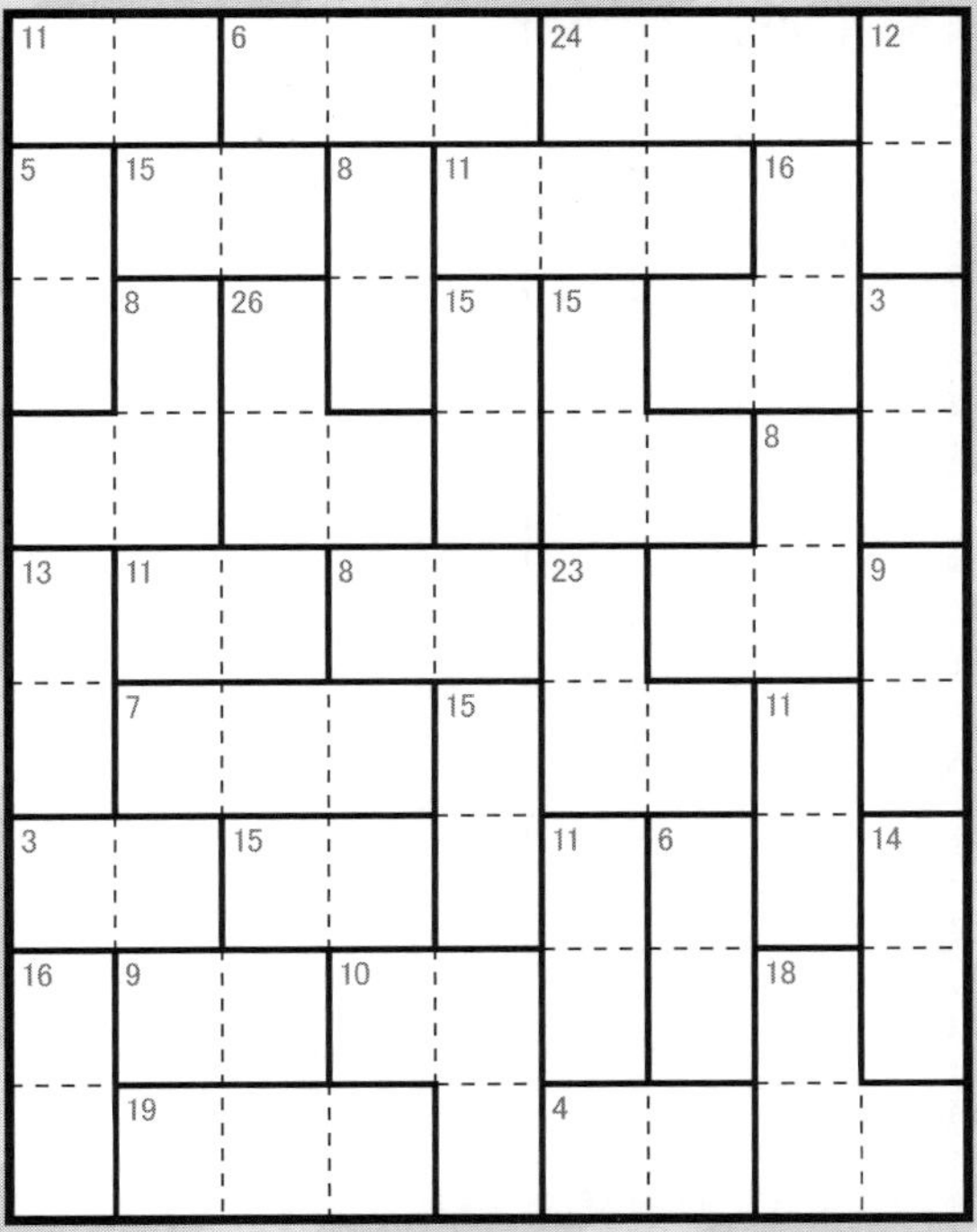

RULE

・図のマスに1～9までの数字を1つずつ入れます。
・どの列（たて、よこども）にも1～9の数字が1つずつ入ります。
・ブロックの中の数字は、太線でかこまれたブロックに入る数の和（たしたもの）になります。

上級編

02

ルールにしたがって、1から9までの数字を入れなさい。

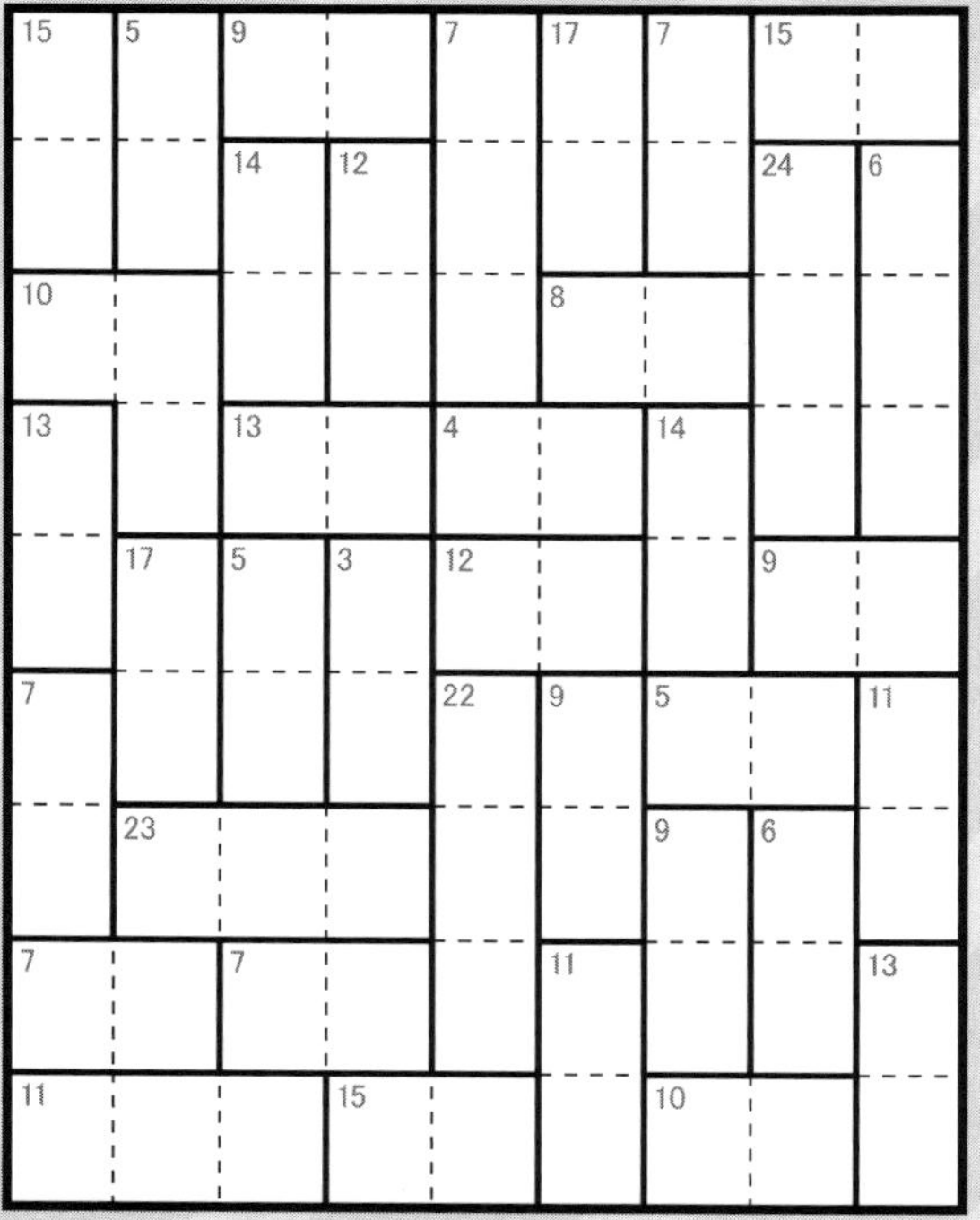

RULE

・図のマスに1～9までの数字を1つずつ入れます。

・どの列（たて、よこども）にも1～9の数字が1つずつ入ります。

・ブロックの中の数字は、太線でかこまれたブロックに入る数の和（たしたもの）になります。

上級編

03

ルールにしたがって、1から9までの数字を入れなさい。

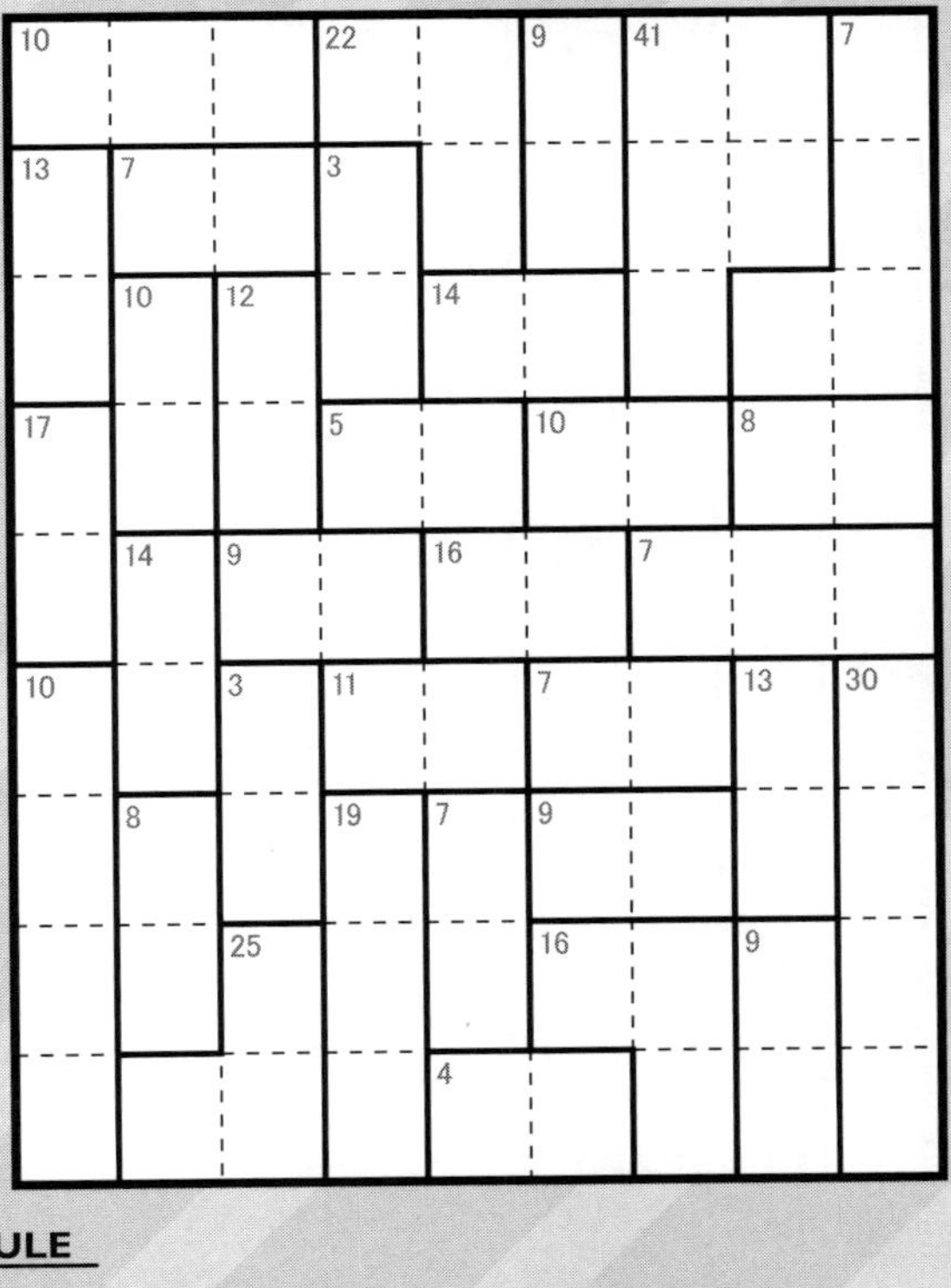

RULE

- 図のマスに1～9までの数字を1つずつ入れます。
- どの列（たて、よこども）にも1～9の数字が1つずつ入ります。
- ブロックの中の数字は、太線でかこまれたブロックに入る数の和（たしたもの）になります。

上級編

04

ルールにしたがって、1から9までの数字を入れなさい。

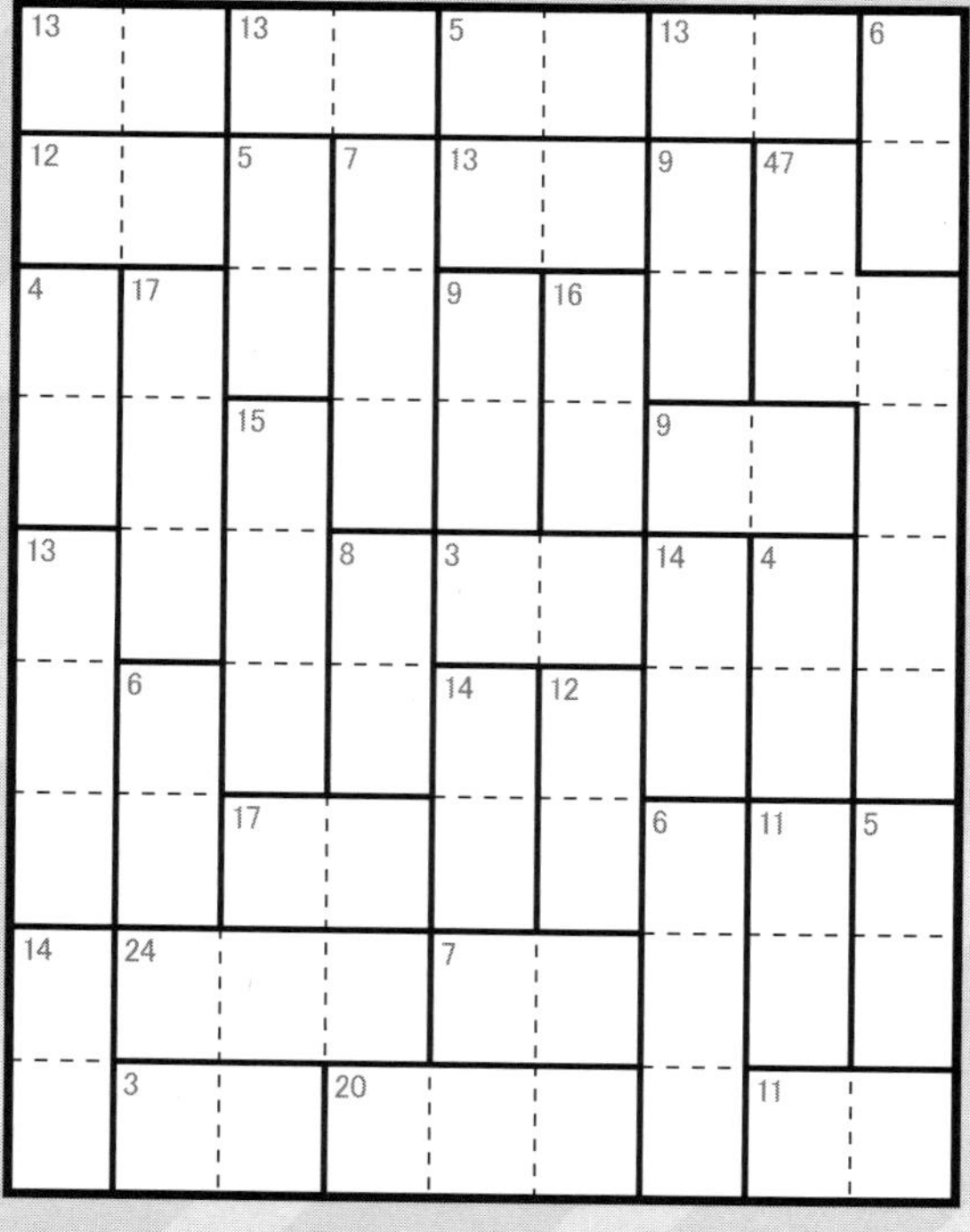

RULE

- 図のマスに1～9までの数字を1つずつ入れます。
- どの列（たて、よこども）にも1～9の数字が1つずつ入ります。
- ブロックの中の数字は、太線でかこまれたブロックに入る数の和（たしたもの）になります。

上級編

05

ルールにしたがって、1から9までの数字を入れなさい。

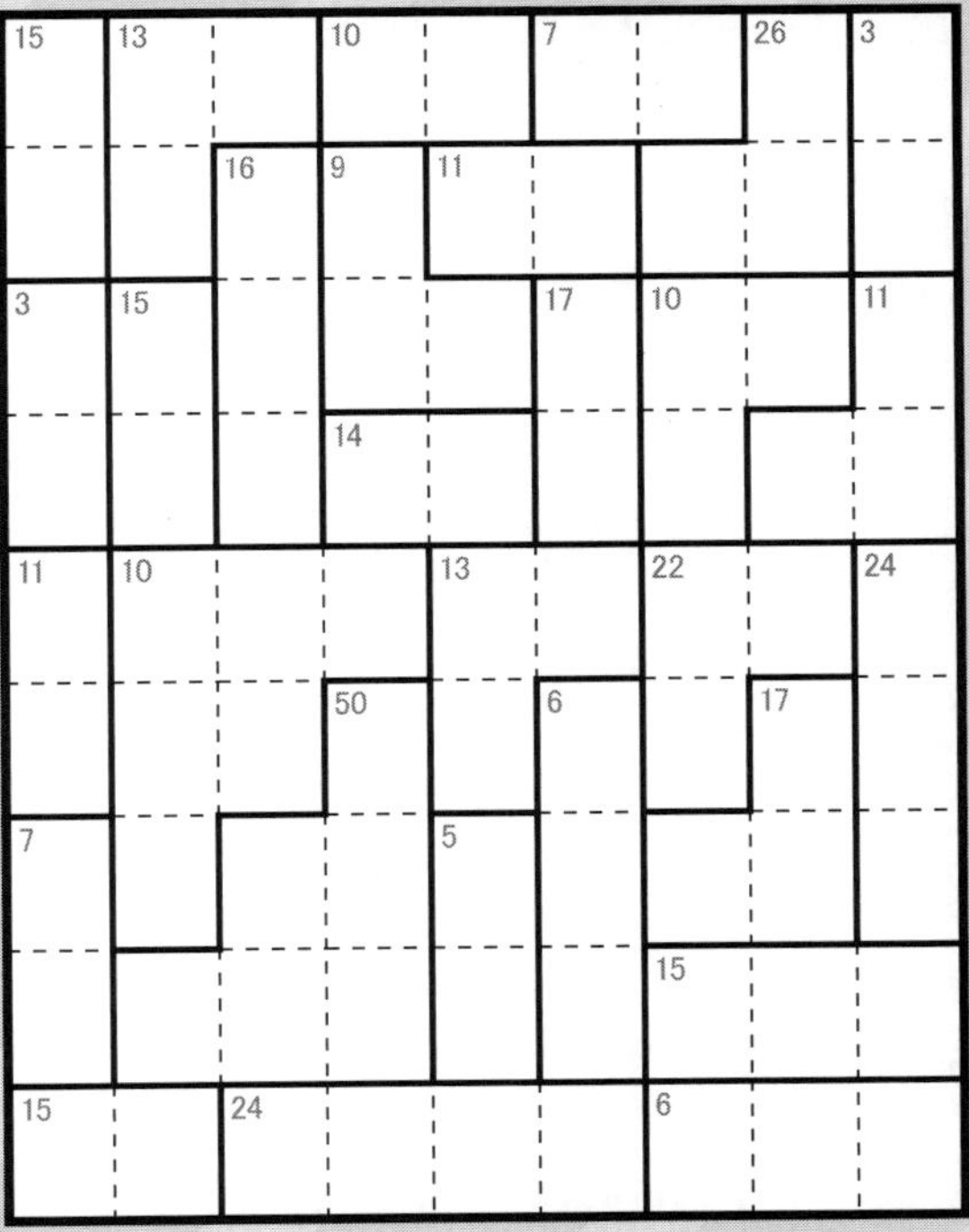

RULE

- 図のマスに1～9までの数字を1つずつ入れます。
- どの列（たて、よこともに）にも1～9の数字が1つずつ入ります。
- ブロックの中の数字は、太線でかこまれたブロックに入る数の和（たしたもの）になります。

上級編

06 ルールにしたがって、1から9までの数字を入れなさい。

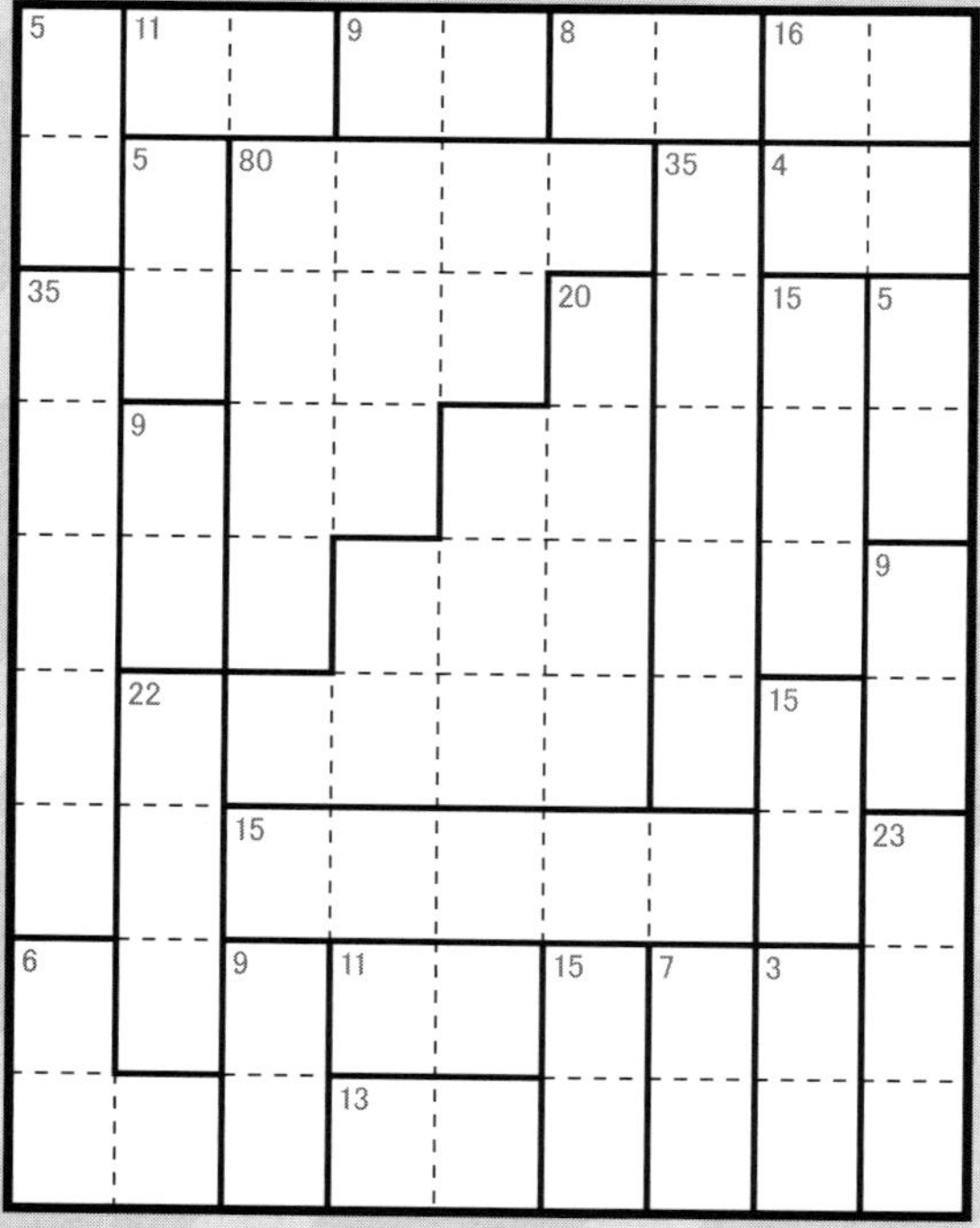

RULE

・図のマスに１～9までの数字を１つずつ入れます。

・どの列（たて、よことも）にも１～9の数字が１つずつ入ります。

・ブロックの中の数字は、太線でかこまれたブロックに入る数の和（たしたもの）になります。

上級編

07

ルールにしたがって、1から9までの数字を入れなさい。

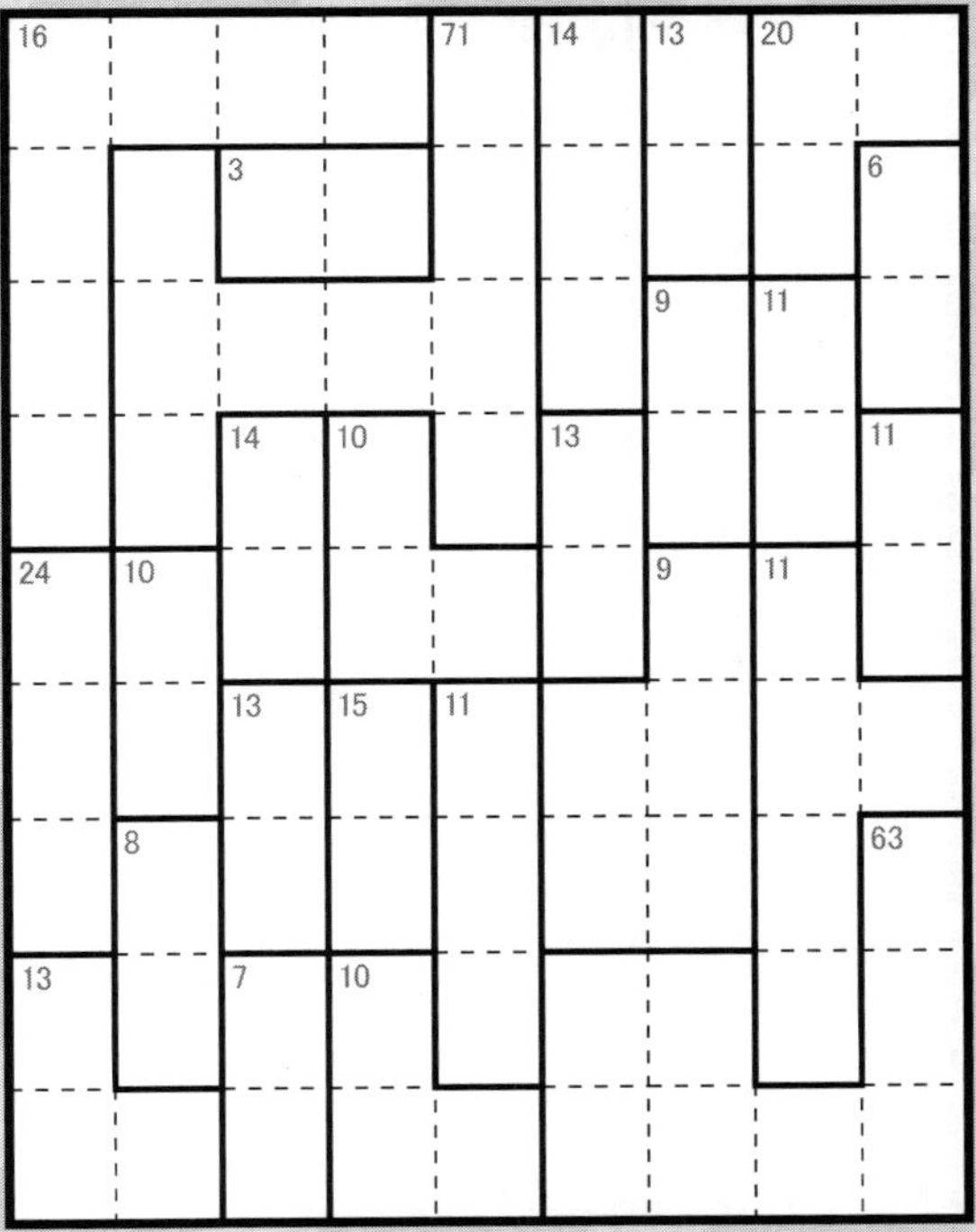

RULE

・図のマスに１～9までの数字を１つずつ入れます。

・どの列（たて、よことも）にも１～9の数字が１つずつ入ります。

・ブロックの中の数字は、太線でかこまれたブロックに入る数の和（たしたもの）になります。

上級編

08

ルールにしたがって、1から9までの数字を入れなさい。

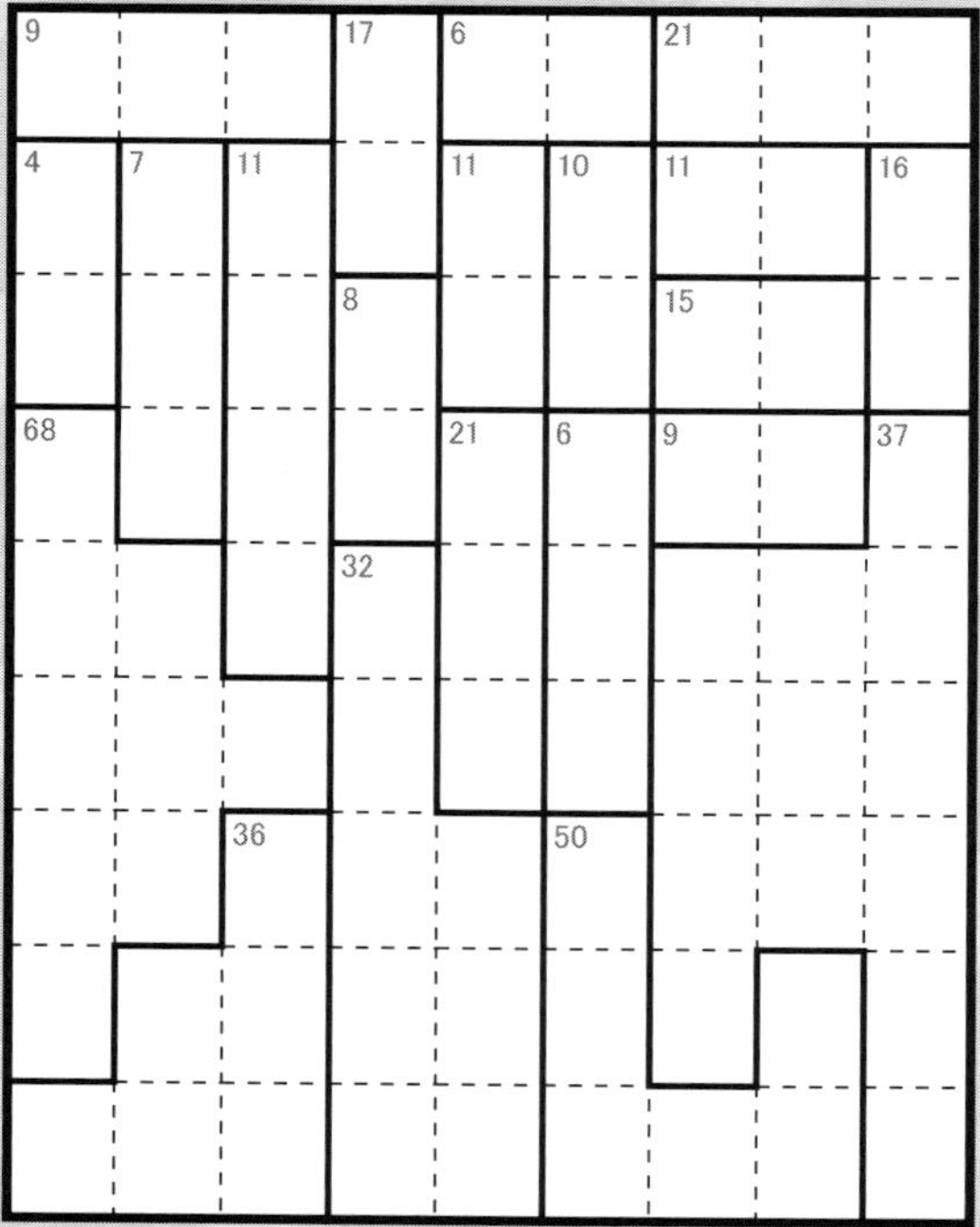

RULE

・図のマスに1～9までの数字を1つずつ入れます。

・どの列（たて、よことも）にも1～9の数字が1つずつ入ります。

・ブロックの中の数字は、太線でかこまれたブロックに入る数の和（たしたもの）になります。

49ページの1番は全員正解しましたが、半数以上の子は2番から手こずっていました。

3人の生徒が4番に取り組んでいるところで、タイマーが鳴りました。

「4番をやっているヤツだけ、タイマーが鳴り終わるまでやっていい！」と私が宣言しました。

タイマーは90秒くらい鳴りつづけます。その間に4番を解いている誰かが正解すれば「上がり」にします。

40秒後に山岡が手を挙げましたが、「ボツ！」。

その20秒後に石川が手を挙げ、「正解！」。

石川はノーミスで、4問正解で8ポイント獲得！

さらにたまった共同募金9ポイントも獲得し、この日の結果は下のようになりました。

山岡	正𤴓
石川	正正正正一
山部	正
玉田	正下
星川	𤴓
村瀬	丅
上島	丅
神田	下
島本	丄
楠田	一

自分の力で勝ち取る喜びを教える

結果が1位、2位、3位の生徒には賞品を出します。どんな賞品だと思いますか？　鉛筆？　ノート？

賞品はシールです。1位が3枚、2位が2枚、3位が1枚です。パソコンで作ったものをシール状のカラー用紙に打ち出すだけなので、たいしてお金はかかりません。

こういう賞品は象徴的なものなので、お金をかける必要はないのです。

シール1枚の大きさは、2㎝四方くらいです。道に落ちていても誰も拾わないし、親から見ればゴミとしか思えません。

でも、**子どもにとっては自分の実力で獲得したとても貴重なもの。**オリンピックの金メダルと同等の価値があります。

かといって、金メダルという「物」がほしくてオリンピックを目指す人はいませんよね？（金メダルの原価は2万円くらいだそうですが）

お店で売っていたら買いますか？

特注で作ってくれる人がいたら、注文しますか？

そういうものを買ったとして、首にかけてうれしいでしょうか？

自分の力で勝ち取ったものだから価値があるんです。

賞品なんてその証にすぎないものですから、何でもいいのです。

ちなみに、小3の授業は1回90分です。休憩はありませんが、ここまでに書いたような流れでやると、時間がとても短く感じられます。

また、自分で作ったパズルなので、私も毎回わくわくできます（76ページ以降のコラムで、ご家庭でもできるパズルの作り方をご紹介しています）。

全力で問題と格闘する経験が学力を高める

獲得ポイントの累積は、順位表にして教室に貼ります。

このポイントは、どんどん加算されていきますので、やがては次のページの表のようになります。

名前が大きくなると、10級の認定証を発行します。

教室の壁には、いつも最新の順位表と級位認定者一覧を貼ってありますので、教室に来た子どもは、

1	石川	正正正正一
2	山岡	正𤴓
3	玉田	正下
4	山部	正
5	星川	𤴓
6	神田	下
7	上島	丅
8	村瀬	丅
9	楠田	一
10	島本	上

▼

1	石川	正正正正正正正正正正正正正正正正正正正正正正正正正正正正正正正 正正正正丅
2	山岡	正正正正正正正正正正正正正正正正正正正正正正正正正正正𤴓
3	玉田	正正正正正正正正正正正正正正正正正正正正正正正正正正正下
4	山部	正正正正正正正正正正正正正正正正正正正正正正正正正
5	星川	正正正正正正正正正正正正正正正正正正正𤴓
6	神田	正正正正正正正正正正正正正正正正正下
7	上島	正正正正正正正正正正正正正正一
8	村瀬	正正正正正正正正正正正正丅
9	楠田	正正正正正正正
10	島本	正正正正

まず順位表で自分の位置を確認し、あと何ポイントで級が進むか、あるいは、あと何ポイントで1つ上のヤツに追いつけるか、あと何ポイントで1つ下のヤツに追いつかれるかを確認します。

ポイントを獲得するには、ひたすら頭を使い、答えが出たらきちんと見直しをするしかありません。

逆に言えば、**緊張感の強い空気の中で、わくわくする問題と全力で戦うことによって、学力はいくらでも高められるのです。**

ポイントは成長の証であり、進級はその一里塚です。級は10級から1級まであり、その上に初段

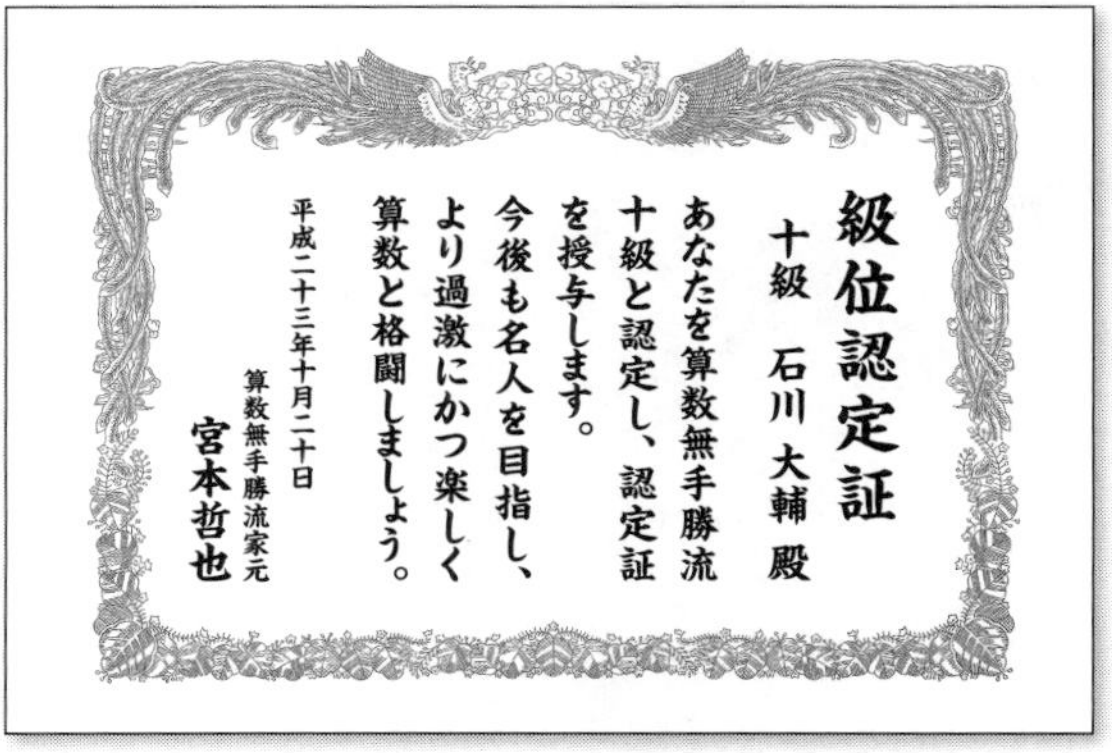

級位認定証
十級　石川 大輔 殿
あなたを算数無手勝流
十級と認定し、認定証
を授与します。
今後も名人を目指し、
より過激にかつ楽しく
算数と格闘しましょう。
平成二十三年十月二十日
算数無手勝流家元
宮本哲也

から10段があり、そのさらに上が名人です。

＊

初日の授業はこういう感じで進行しますが、2回目の授業からは、最初にパズルその1を40分、黒板問題を5分、パズルその2を40分でやります。

パズルは、計算系と図形系を1種類ずつ入れ、黒板問題はパズルその2の例題、または、小3でも対応できる入試問題の数値替えをやります。

宿題はありませんが、翌週は必ず、より手ごわい問題が出てきますので、できないまま放置しておくとすぐに落ちこぼれます。

授業についていけるかどうかは能力の問題ではなく、趣味の問題です。こういうパズルに楽しく取り組めない子は、はっきり言って、教室に来ても無駄なのです。

最強の「計算ブロック・スケルトン」

この計算ブロックは、非常に応用範囲が広く、「たし算」「たし算、ひき算」「かけ算」「かけ算、わり算」「四則混合」と作ることができます。

混合の計算のときには、数字の横に記号（＋、－、×、÷）を入れますが、「四則混合」で、かつ記号なしのものも作ってみました。これを「計算ブロック・スケルトン」と呼んでいます。

次のページから6問入れておきますので、腕に自信のある人は挑戦してみてください。

究極の難問（と言っても小3の教材なのですが……）なので、解けなくても気にしないでくださいね。

究極の
難問
01

ルールにしたがって、1から9までの数字を入れなさい。

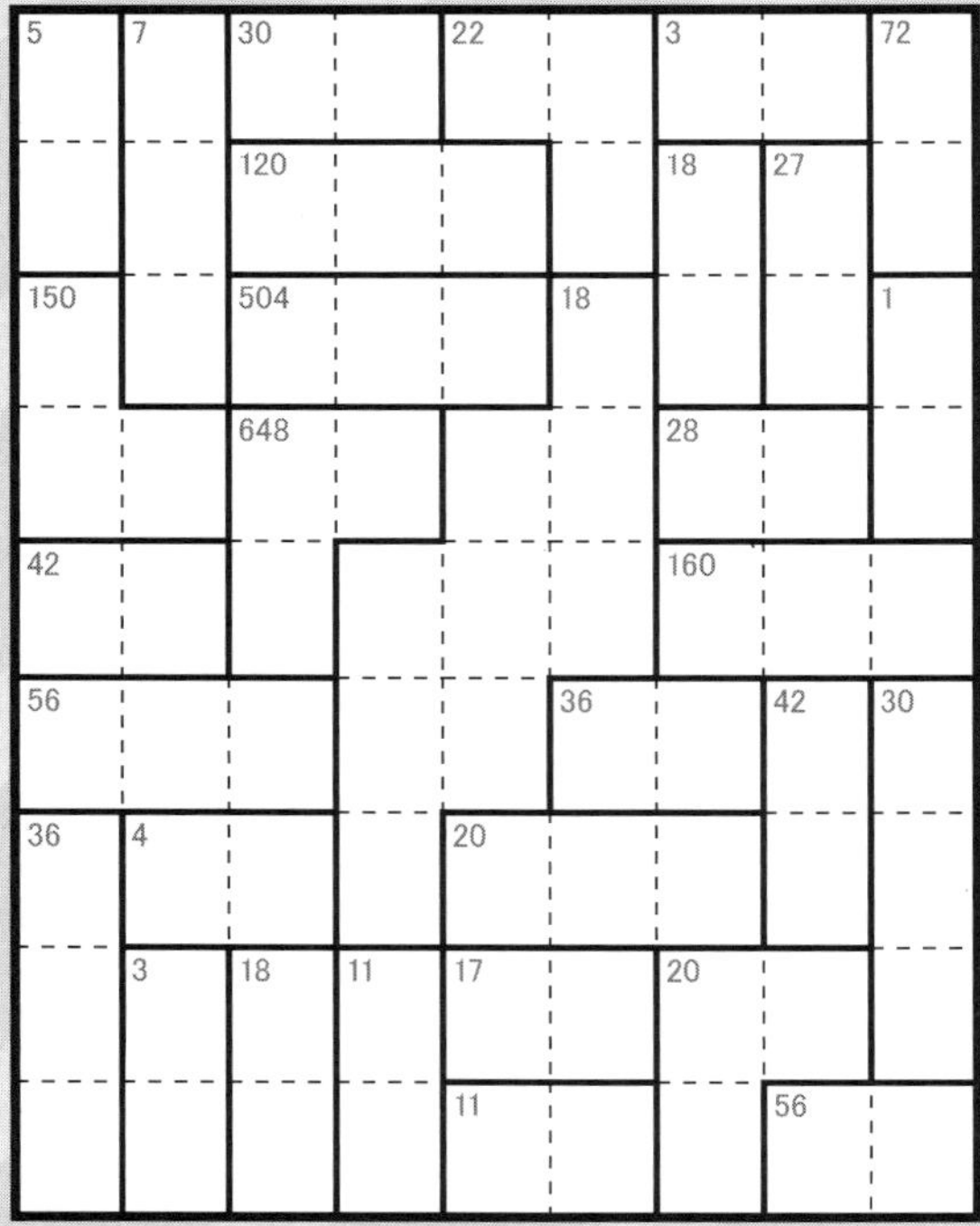

RULE

・図のマスに1～9の数字を1つずつ入れます。
・どの列（たて、よこともに）にも1～9の数字が1つずつ入ります。
・太線で囲まれたブロック内の数が2個のとき、数字はそれらの数の和、差、積、商のいずれかを表します。
・太線で囲まれたブロック内の数が3個以上のとき、数字はそれらの数の和、積のいずれかを表します。

究極の難問 02

ルールにしたがって、1から9までの数字を入れなさい。

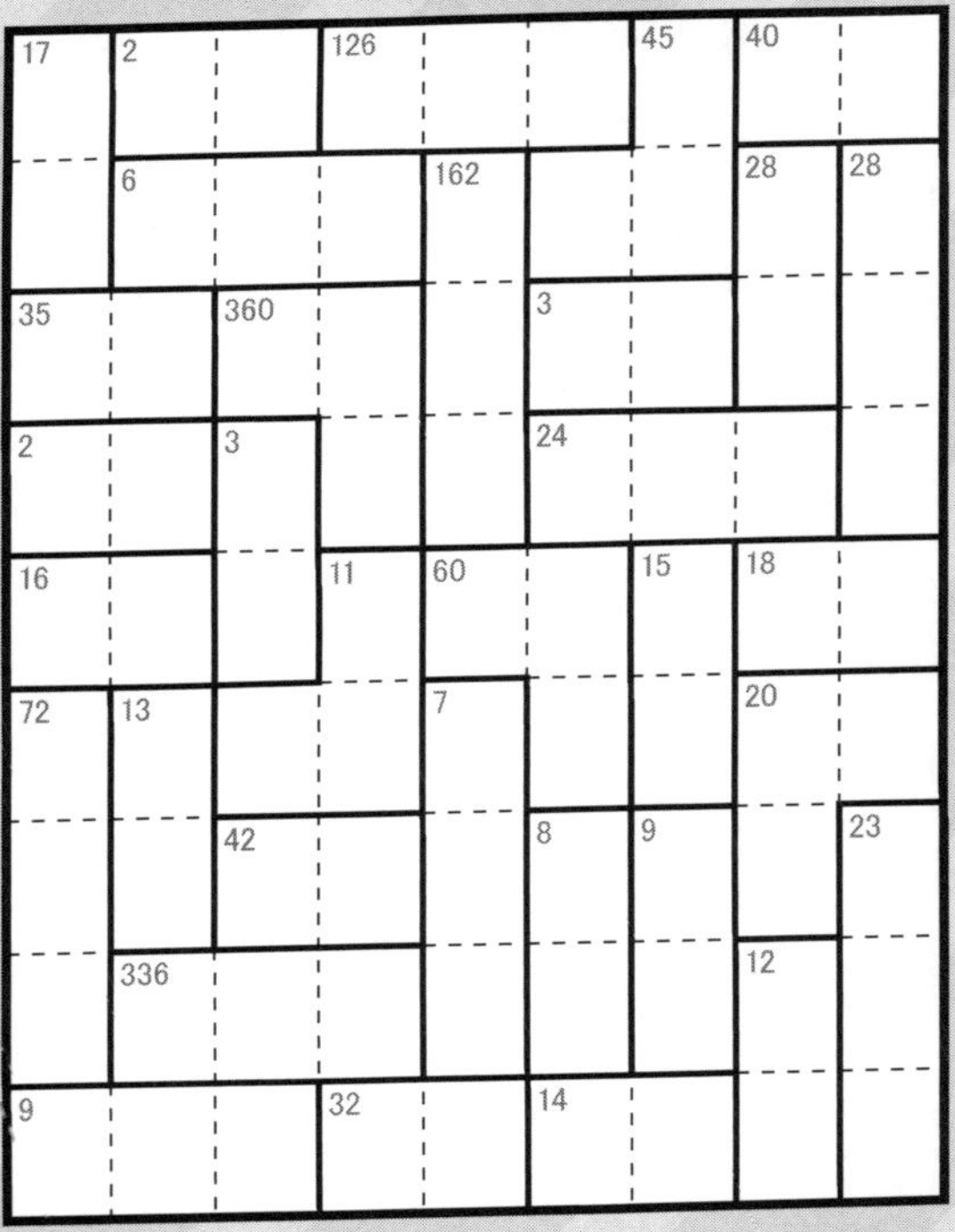

RULE

- 図のマスに1～9の数字を1つずつ入れます。
- どの列（たて、よことも）にも1～9の数字が1つずつ入ります。
- 太線で囲まれたブロック内の数が2個のとき、数字はそれらの数の和、差、積、商のいずれかを表します。
- 太線で囲まれたブロック内の数が3個以上のとき、数字はそれらの数の和、積のいずれかを表します。

究極の難問 03

ルールにしたがって、1から9までの数字を入れなさい。

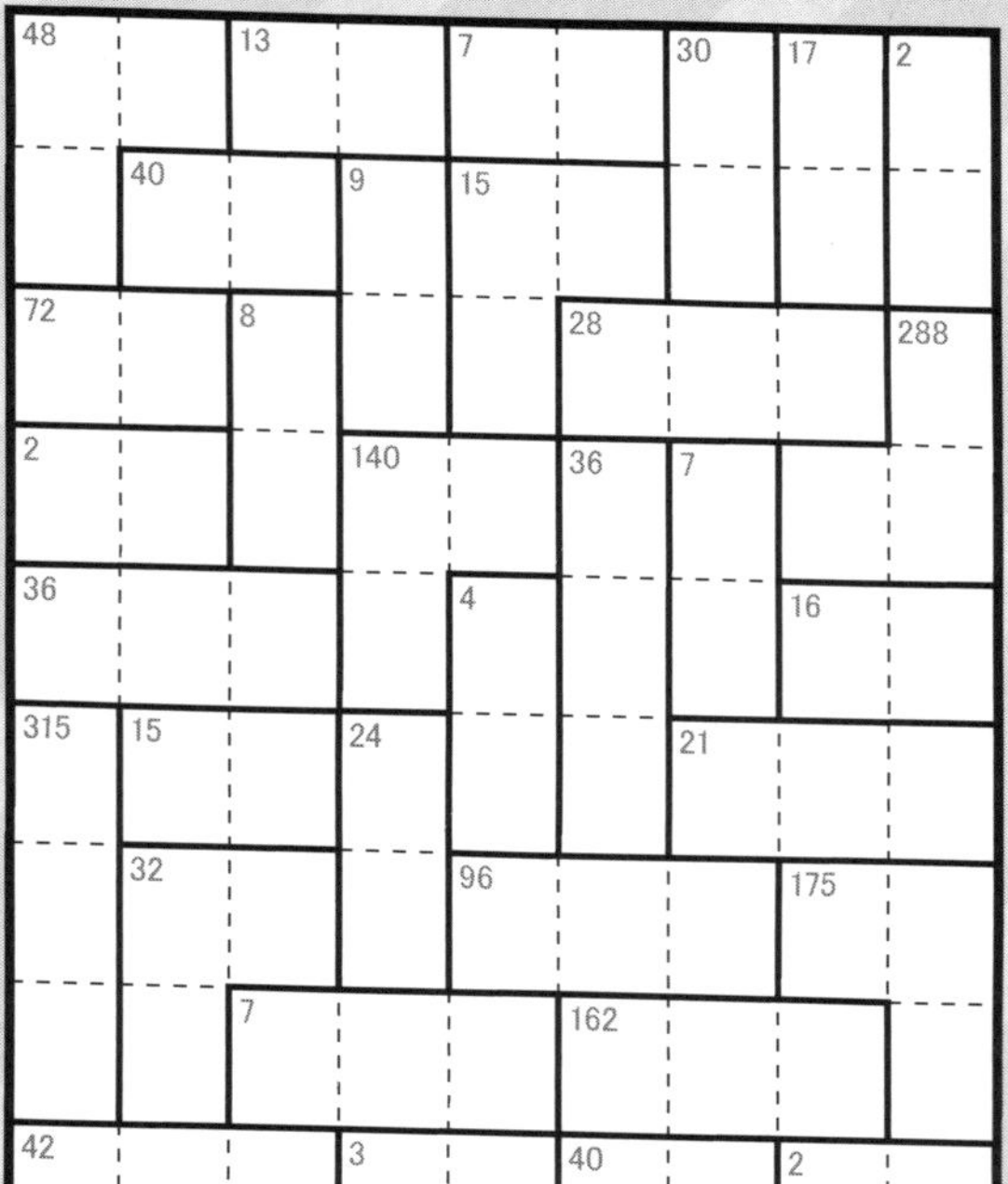

RULE

- 図のマスに１～9の数字を１つずつ入れます。
- どの列（たて、よことも）にも１～9の数字が１つずつ入ります。
- 太線で囲まれたブロック内の数が２個のとき、数字はそれらの数の和、差、積、商のいずれかを表します。
- 太線で囲まれたブロック内の数が３個以上のとき、数字はそれらの数の和、積のいずれかを表します。

究極の難問 04

ルールにしたがって、1から9までの数字を入れなさい。

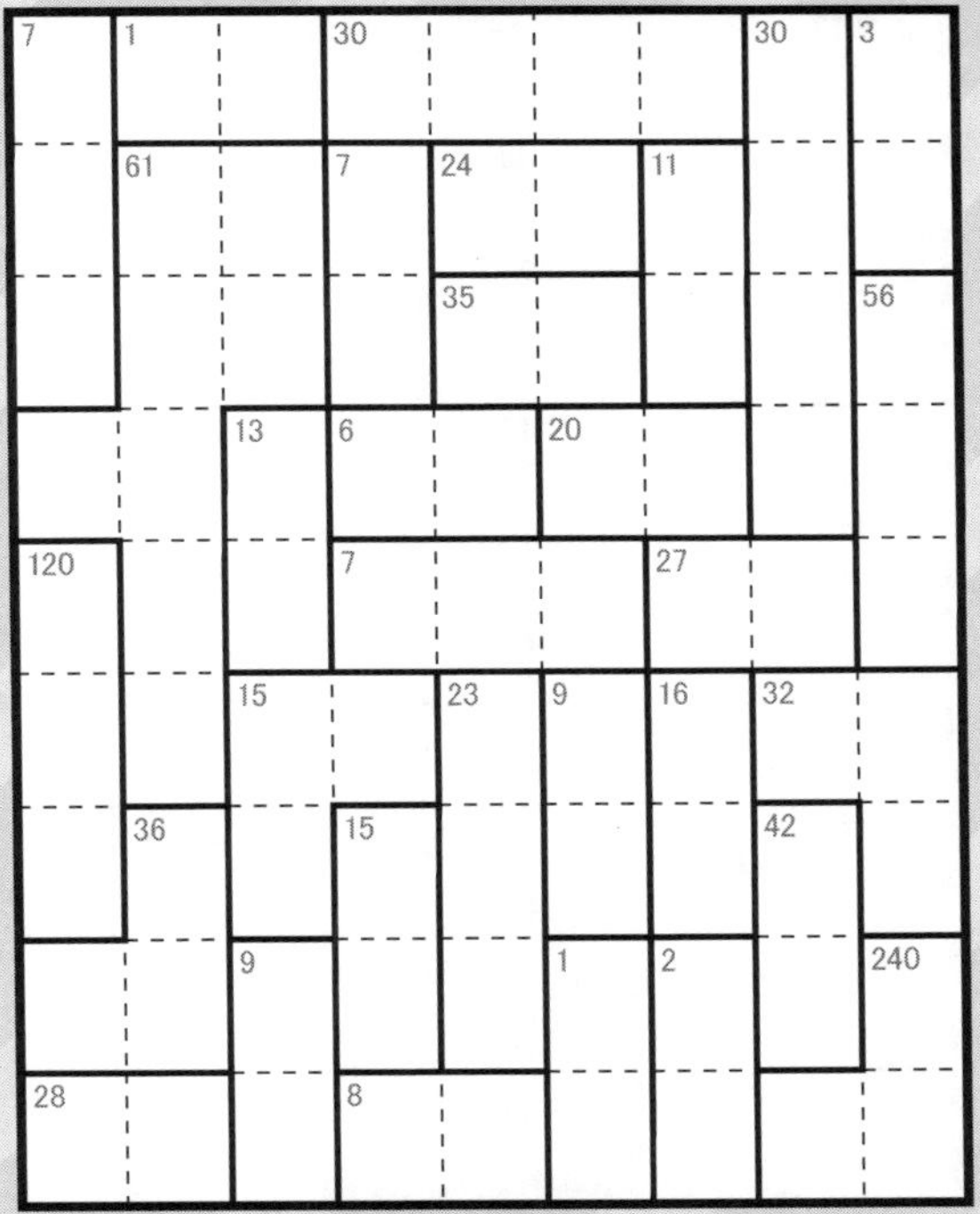

RULE

- 図のマスに1～9の数字を1つずつ入れます。
- どの列（たて、よことも）にも1～9の数字が1つずつ入ります。
- 太線で囲まれたブロック内の数が2個のとき、数字はそれらの数の和、差、積、商のいずれかを表します。
- 太線で囲まれたブロック内の数が3個以上のとき、数字はそれらの数の和、積のいずれかを表します。

究極の難問 05

ルールにしたがって、1から9までの数字を入れなさい。

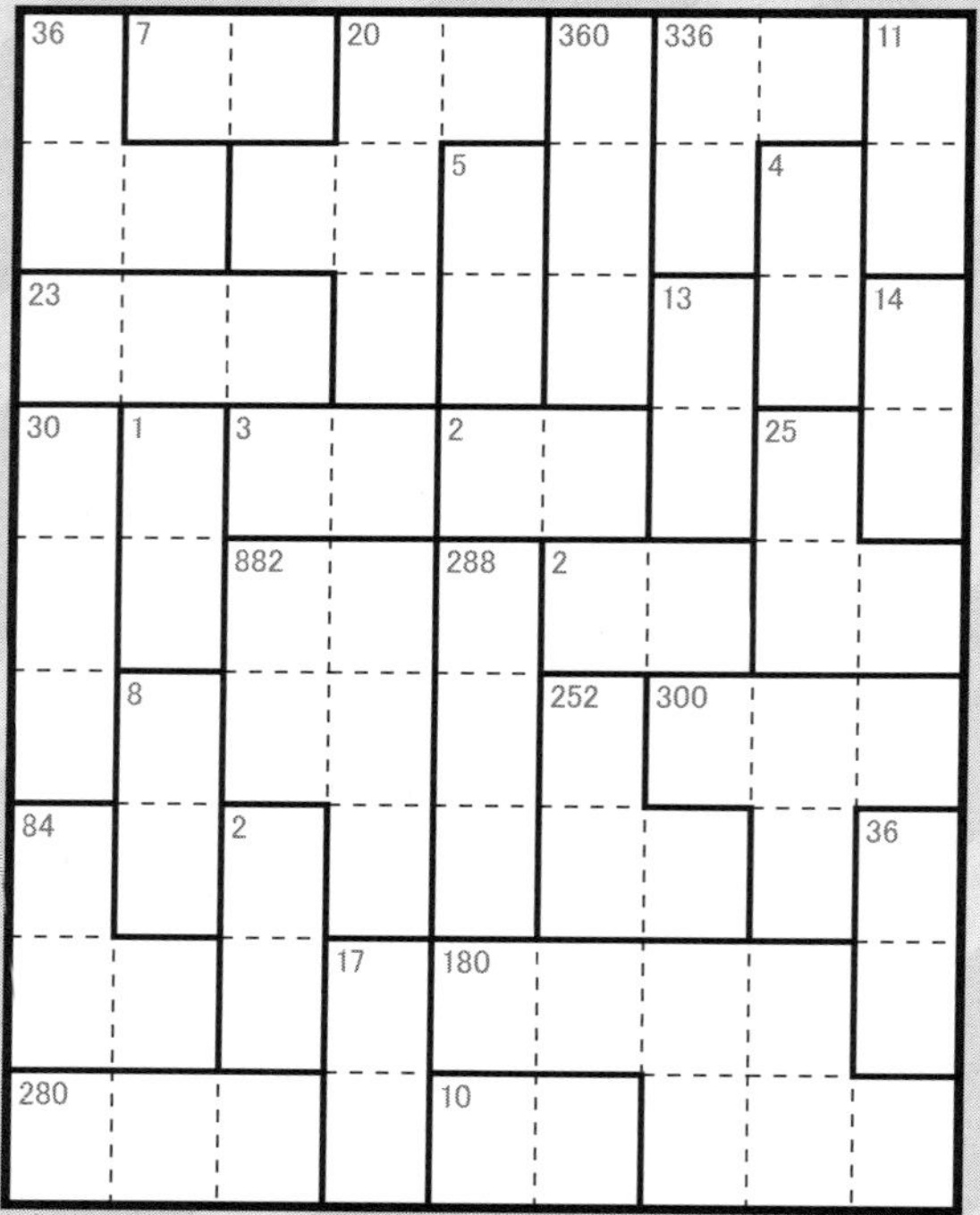

RULE

・図のマスに１～9の数字を１つずつ入れます。
・どの列（たて、よことも）にも１～9の数字が１つずつ入ります。
・太線で囲まれたブロック内の数が２個のとき、数字はそれらの数の和、差、積、商のいずれかを表します。
・太線で囲まれたブロック内の数が３個以上のとき、数字はそれらの数の和、積のいずれかを表します。

究極の難問 06

ルールにしたがって、1から9までの数字を入れなさい。

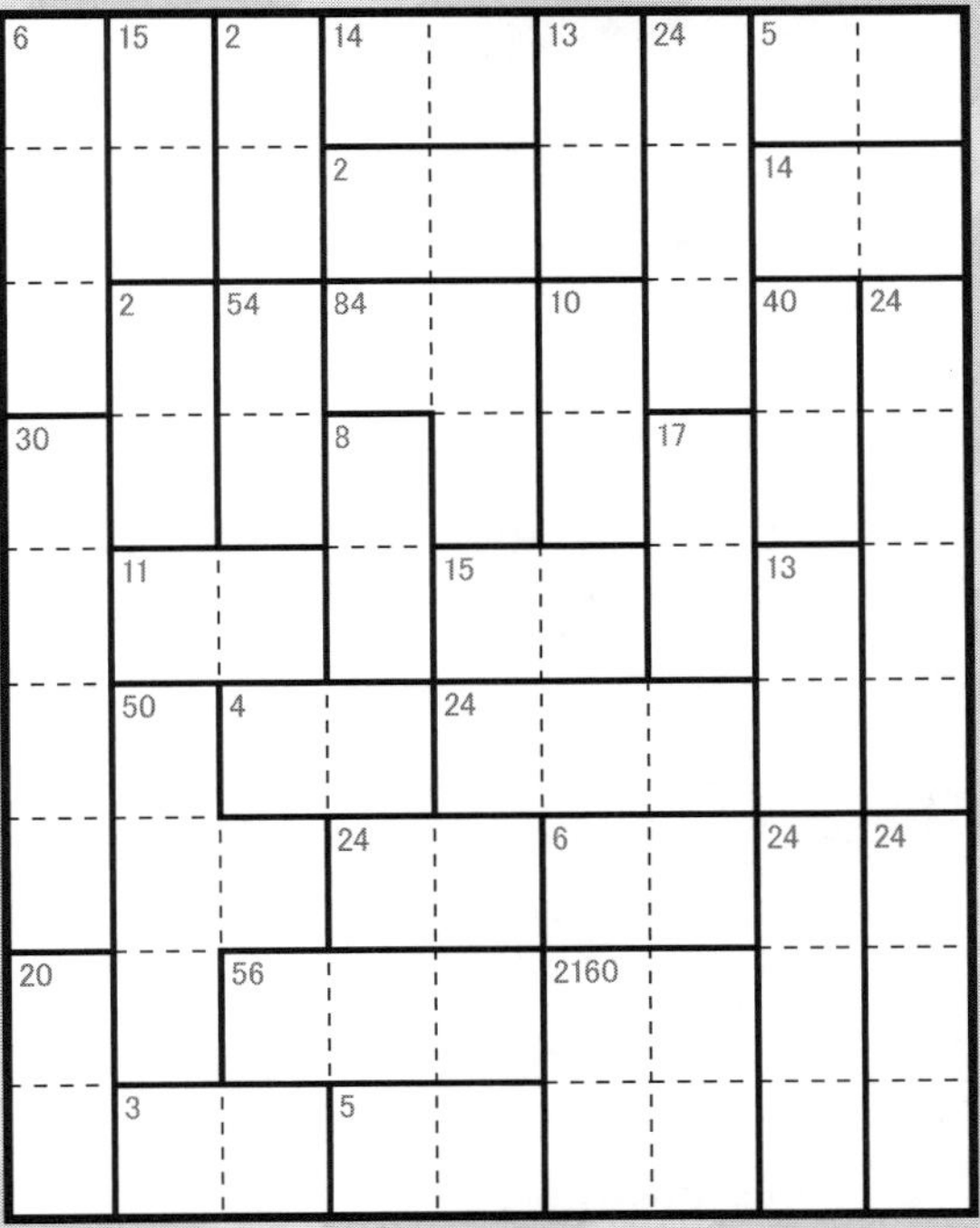

RULE

- 図のマスに1～9の数字を1つずつ入れます。
- どの列（たて、よことも）にも1～9の数字が1つずつ入ります。
- 太線で囲まれたブロック内の数が2個のとき、数字はそれらの数の和、差、積、商のいずれかを表します。
- 太線で囲まれたブロック内の数が3個以上のとき、数字はそれらの数の和、積のいずれかを表します。

Column

パズルの作り方

私の教室で使うパズルは、すべて私自身が作っています。パズルも算数も、自分で作った問題で授業をすることがとても大切です。

ここでは、私がふだんやっているパズルの作り方をご紹介します。このとおりにやれば、みなさんがお子さんにパズルを作ってあげることも可能です。

「私にはそんな才能なんてないから、パズルを作るなんて無理！」と最初から拒絶しないでください。慣れないうちは大変ですが、簡単な問題から作ればいいんです。

「道を作る」の作り方

では、まず、「道を作る」からやってみましょう。

を適当に4つくらい【図1】のように入れてみます。

22ページの解説を参考に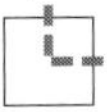とを入れると、【図2】のようになります。4つのを入れただけでこれだけ確定するんです。

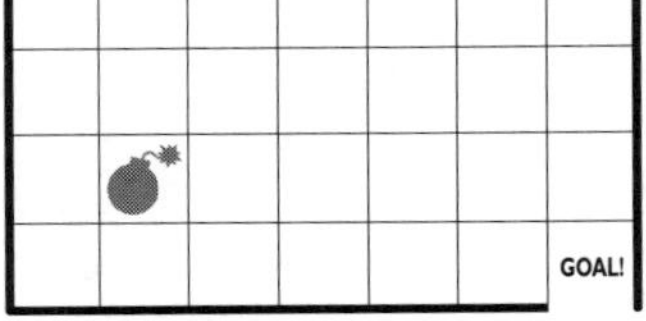

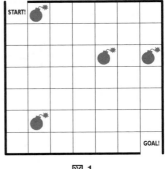

図1

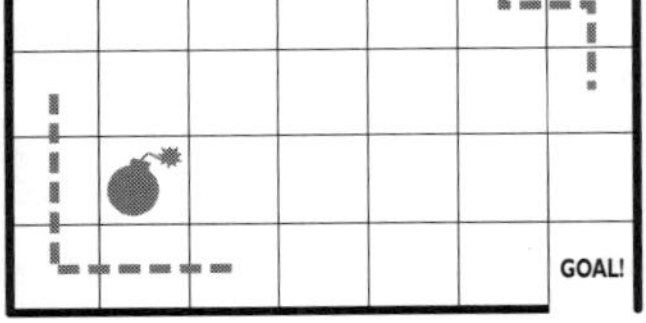

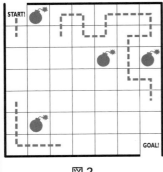

図2

【図3】のように、もう1つを入れてみましょう。

【図4】の**ア**のように、通らないマスができてしまうと失敗です。**ア**のマスにを入れてもいいのですが、が縦、横に並ぶのは見た目がよくないと私は感じますので、やり直します。

5つ目のの位置を**【図5】**のように変え、余った**イ**のマスに6つ目のを入れます。

すると**【図6】**のようになり、完成です。

簡単でしょう？　作ってみたくなりませんか？

パズルができると、人にやらせてみたくなるん

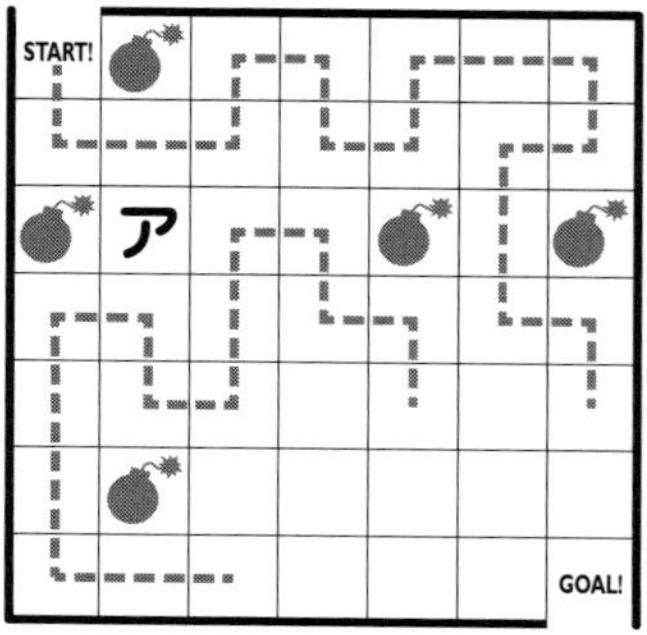

図4

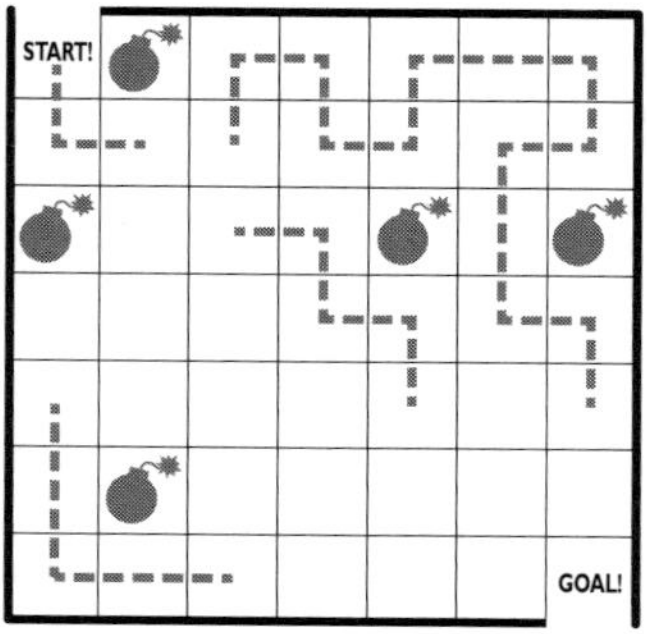

図3

です。パズルを解いて楽しみ、作って楽しみ、人にやらせて楽しむ——これが仕事になるのですから、私は最高に幸せです。

1点だけご注意を。パズルを作ったら必ず解き直しをやり、答えが1通りしか出ないことを確認してくださいね。私は、複数の答えが出るパズルは美しくないと考えていますので、すべてボツにして作り直します。

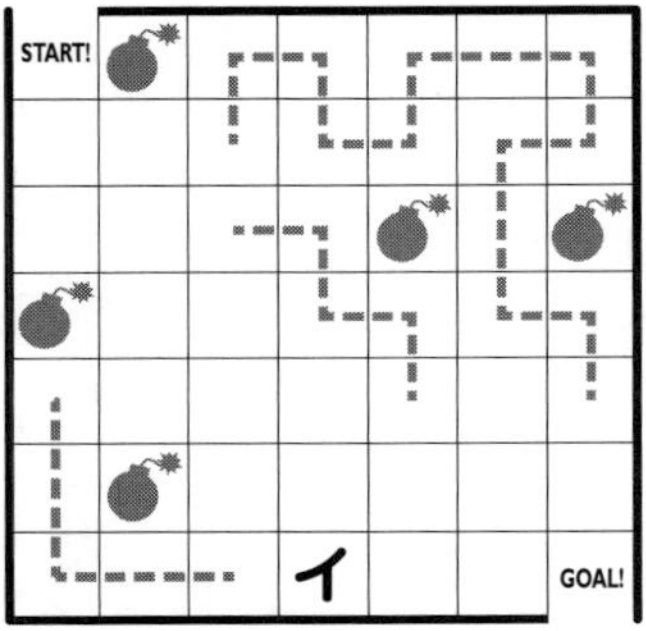

図5

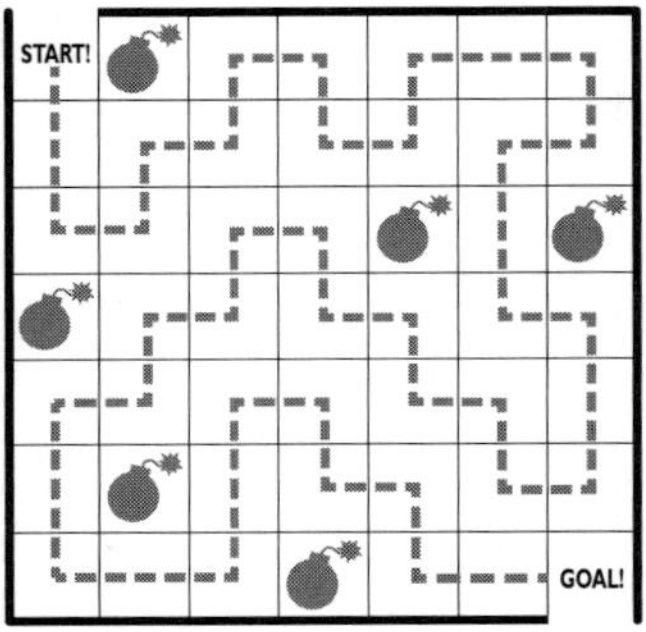

図6

「計算ブロック・たし算」の作り方

では、次に「計算ブロック・たし算」の作り方を説明します。

問題づくりは、「計算ブロック」のほうが、「道を作る」よりもはるかに簡単です。

最初に、解答の図を作ります。

【図１】のような表を作り、２段目を１つ、３段目を２つ、４段目を３つ、５段目を４つずらし、**【図２】**を作ります。

1	2	3	4	5
1	2	3	4	5
1	2	3	4	5
1	2	3	4	5
1	2	3	4	5

図1

1	2	3	4	5
2	3	4	5	1
3	4	5	1	2
4	5	1	2	3
5	1	2	3	4

図2

【図2】では、縦、横ともに、1つの列に1、2、3、4、5が1つずつ出ていますね。これを解答として使ってもかまわないのですが、数字の並びがきれいすぎるので、【図3】のように2段目と4段目を入れ替えます。

さらに、【図3】の1列目と3列目を入れ替えて【図4】を作ります。

【図4】が解答になるように、マスを区切っていきます。

【図5】のように区切ると、ア、カの組み合わせは（1、3）だけ、イ、ウ、エの組み合わせは（1、2、4）だけなので、ア＝3とカ＝1が確定します。次に、【図6】のよう

1	2	3	4	5
4	5	1	2	3
3	4	5	1	2
2	3	4	5	1
5	1	2	3	4

図3

3	2	1	4	5
1	5	4	2	3
5	4	3	1	2
4	3	2	5	1
2	1	5	3	4

図4

に区切ると、**オ＝5**が確定します。
キ、サ、シの組み合わせは（**4、5、5**）だけで、同じ数が同じ列には入らないので、**キ＝5、サ＝5、シ＝4**が確定します。

【図7】のように区切ると、**ナ、ニ**の組み合わせ、**ケ、セ**の組み合わせはどちらも（**1、2**）だけなので、**ニ＝1、ナ＝2、エ＝4、ウ＝1、イ＝2、タ＝4、チ＝3**が順に確定します。

さらに、**【図8】**のように区切ると、**ツ＝2、ク＝4、ス＝3、セ＝1、ケ＝2、コ＝3、ソ＝2**が順に確定します。**ト、ノ**の組み合わせは（**1、4**）しかないので、**ノ＝4、**

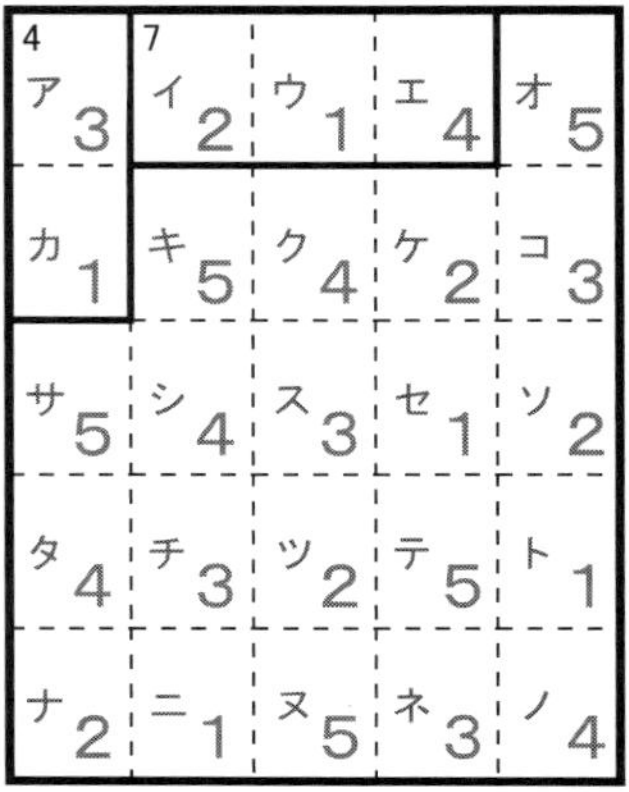

図5

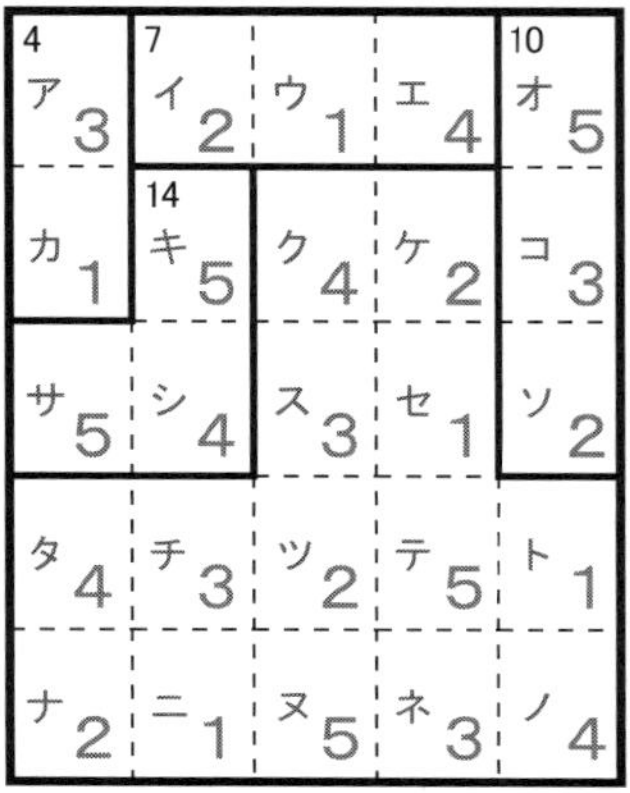

図6

ト＝1が確定し、さらに、**テ＝5**、**ヌ＝5**、**ネ＝3**が順に確定します。

これで解答となる数字を消せば、パズルのでき上がりです。

最後に、答えが1通りになるかどうかをきちんと確かめたら完成です。

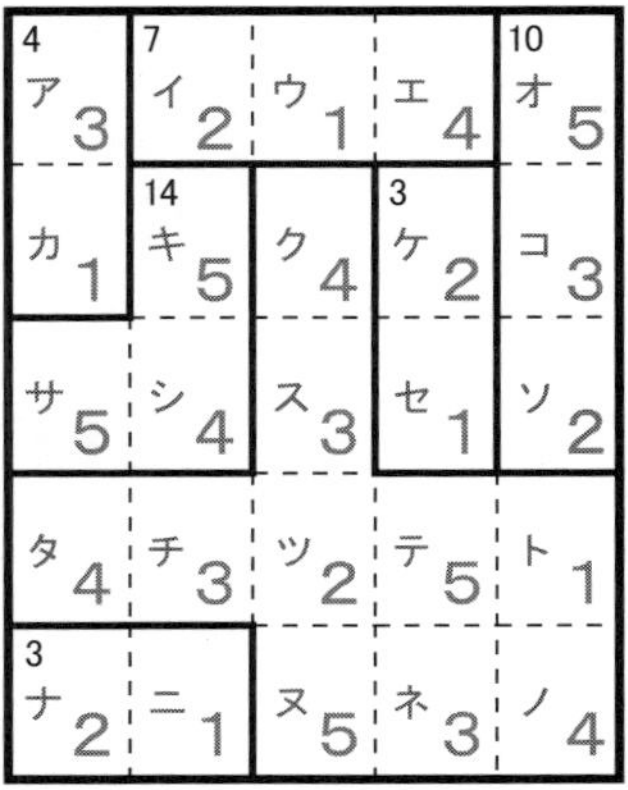

図7

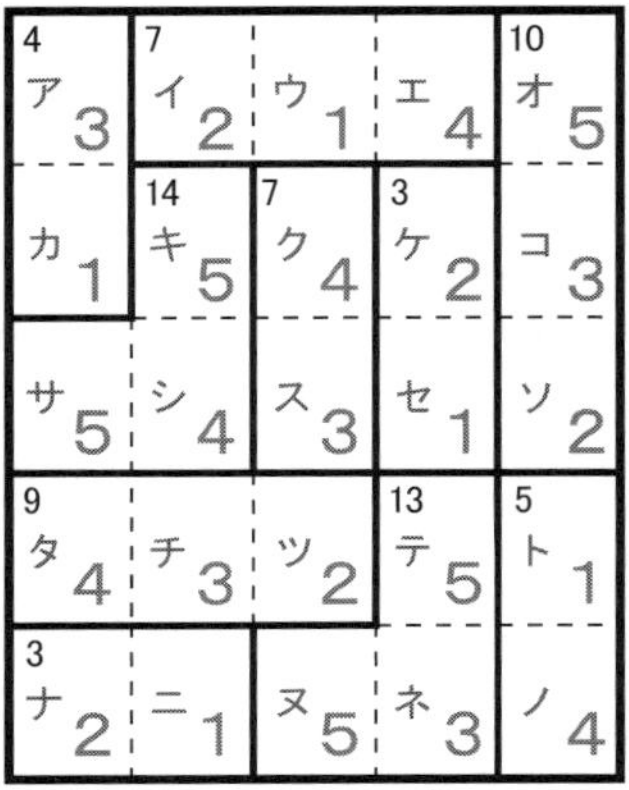

図8

次のページに、「道を作る」「計算ブロック・たし算」を作れるコーナーを用意しましたので、ぜひ作ってみてくださいね！

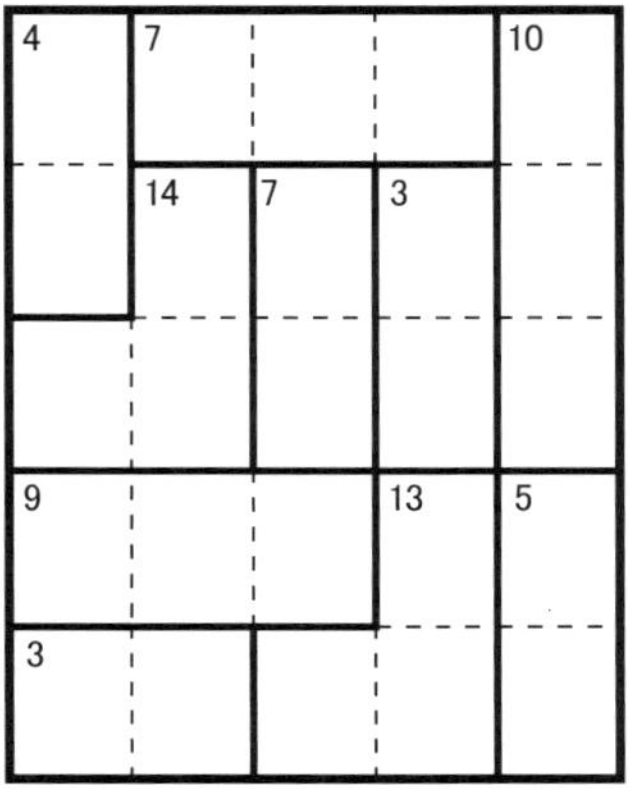

PUZZLE 01

ルールにしたがって、スタートからゴールまでの道順を記入しなさい。

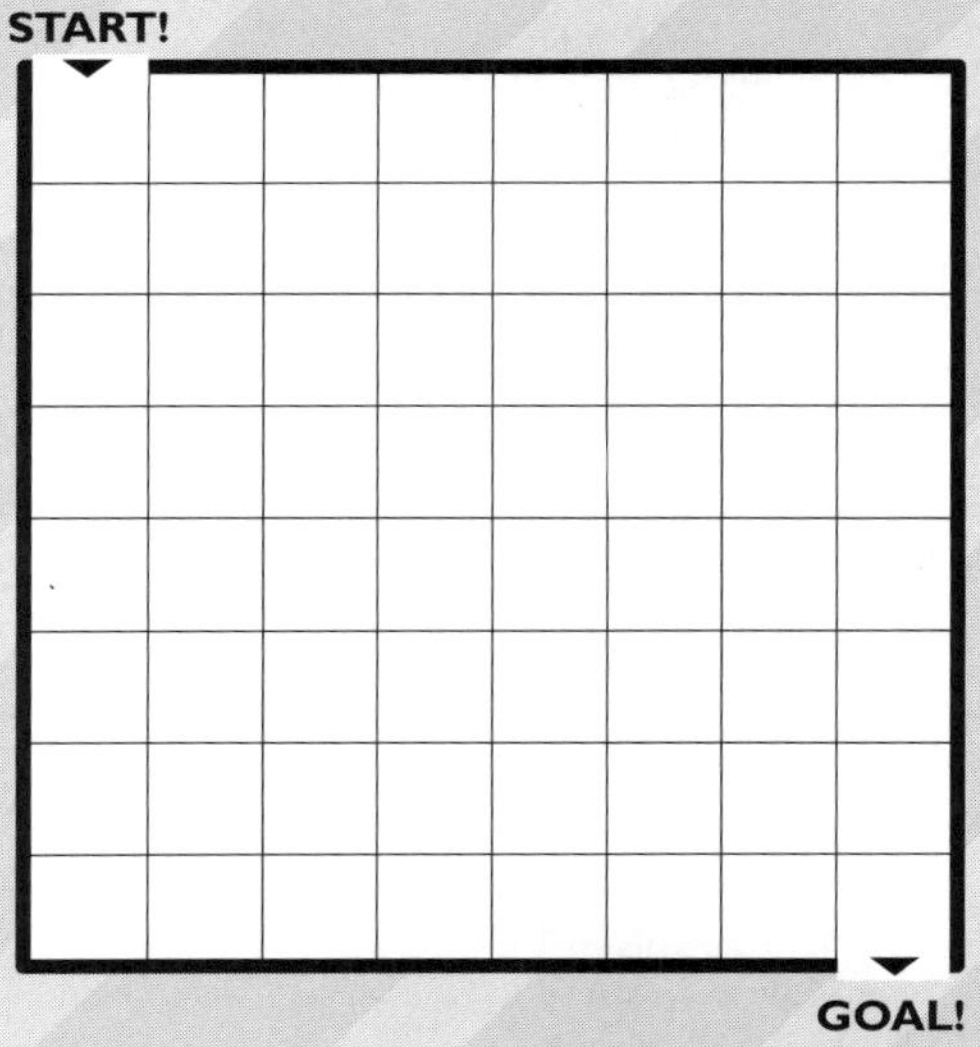

RULE

・のマスは通れない。

・以外のすべてのマスを通らなければならない。

・同じマスを2回以上通ってはいけない。

・進行方向はたて、よこだけで、ななめには進めない。

PUZZLE

01

ルールにしたがって、
1から5までの数字を入れなさい。

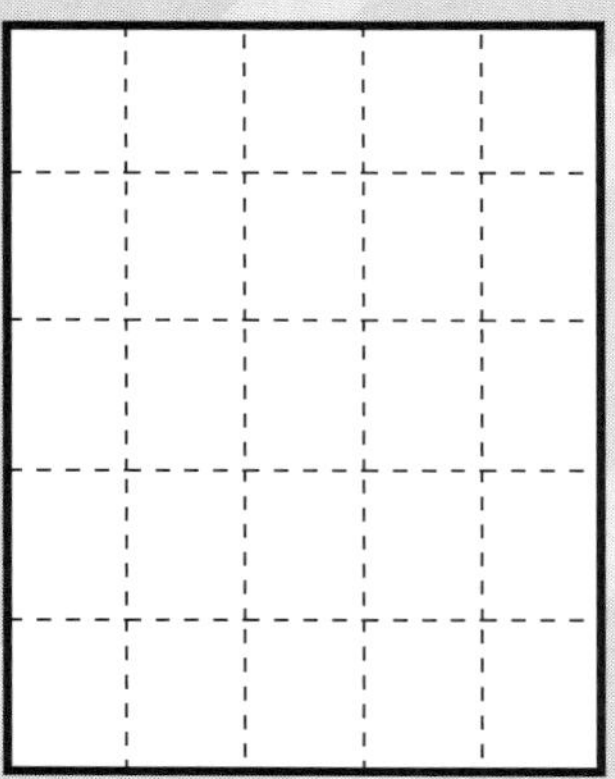

RULE

・図のマスに1～5までの数字を1つずつ入れます。

・どの列（たて、よこども）にも1～5の数字が1つずつ入ります。

・ブロックの中の数字は、太線でかこまれたブロックの数の和（たしたもの）になります。

POINT

① 緊張感のないところに成長はありません。
② 見直しの習慣は早めにつけさせましょう。
③ 自力で獲得したものだけが学力につながります。

第2章

小学4・5年生の授業

算数の基礎を固める

小4以降は、パズルは使わず、算数の問題を黒板で1題ずつ出していきます。授業時間は150分で、休憩時間はありません。

授業は、3つのパートに分かれています。最初の30分は、「おきざりコーナー」という名前の復習の時間です。

以前、勤めていた塾では、授業前30分の質問コーナーというのがありました。早めに来た生徒の質問に答えるという名目の時間でしたが、ただ漫然と問題を出して解かせるだけという中途半端な時間でしたので、この時間をおきざりコーナーに変えました。

あえて落ちこぼれを出す「おきざりコーナー」

おきざりコーナーでは、前の週にやった問題の数値替えの問題を黒板に10題書き、それを1番から順に解かせます。ポイントの加算は小3のパズルと同じで、そのまま授業に持ち越すことができます。

これは非常に効果的でした。

全員に同じプリントを配って問題を解かせると、全然できない子もあまり疎外感を覚えませんが、おきざりコーナーではできる子が5番、6番と進むのに、できない子はずっと1番でおきざりになります。**おきざりになるのが嫌なら、はじめから授業の復習をやってくればいいのです。**

私は宿題を出しませんが、授業の復習をやらないと、おきざりコーナーで落ちこぼれますし、その日の授業にもついていけません。

落ちこぼれる子に対するフォローは一切やりません。

私の授業に興味を示さない子には、私も興味はありませんので、とっとと辞めればいいのです。これは、出来不出来の問題ではなく、趣味の問題です。

「興味はあるけれど、できない子はどうすればいいのか？」――私は、子どもに頭を使わせるために授業をやっていますので、**できなくても、わからなくてもひたすら考えつづければ、そのうちできるようになります。**心配はいりません。

このおきざりコーナーでは、基本的に30分で10題の問題を出し、誰かが10番の問題を正解すればそこで打ち切ります。

おきざりコーナーの問題の解説はやりませんし、解答も出しません。

制限時間よりも大幅に早く「上がり」になってしまいそうな子が出そうになると、前回の授業とは関係のないスペシャル問題を追加します。かなり無茶な問題を出しますが、それすらも解いてしまう子がたまにいます。

その場合は、さらに無茶なウルトラスペシャル問題を追加し、全員が1回は手を挙げられるように、時間調整をします。これも解かれた場合には「上がり」にしますが、最低でも25分はかかります。

30分のおきざりコーナーの次は、90分の黒板授業です。

黒板授業は予習なしの実力勝負

カリキュラムは公表しておりませんので、今日はどの単元になるかは、授業に出てみないとわかりません。つまり、**全員が予習なしの実力勝負で授業に臨む**わけです。

問題は1題ずつ出し、黒板に私が問題を書き終わった時点でタイマーをセットします。

子どもたちは、ノートに問題を写してから解きはじめ、答えが出たら手を挙げて私に答えを見せますが、私はそれが正解か不正解かを伝えませんので、時間がある限り、ひたすら解き直しをします。

子どもたちが問題を解いている間、または解き直しをしている間、私はずっと教室内を歩き回り、彼らが問題と戦う様子を観察しています。

これは、とてもスリリングで楽しい時間です。

まるで歯が立たず頭を抱える子。

何かに気づき、猛烈な勢いでノートに図や数字を書き殴る子。

答えを出して小さくガッツポーズをする子。

答えを出して手を挙げたあと、ミスに気づきあせる子。

ミスを修正して再確認し、今度こそ合っているぞと確信して手を挙げる子（答えを書き直した場合は、再度手を挙げなければなりません）。

中には、投げ出して何もしない子、まれに寝ている子もいますが、そういう子は放っておきます。

彼らの親御さんから授業中の様子について聞かれた場合は、「来ても無駄です」「目ざわりなので辞めてください」と正直にお答えしています（強制的に退塾にすることはありません）。

小4の文章題の授業

では、次のページから、小4向けの文章題の授業を再現します。

お子さんに挑戦させる場合は、解説・答えの部分を隠してコピーをとるなどしてやらせてみてください。

問題
01

3つの整数(　　　)、(　　　)、(　　　)があり、3つのうちの2つずつの和はそれぞれ、33、38、41になる。

（制限時間2分　正解者3人　不正解者0人）

解説

3つの整数をA、B、C（A＜B＜C）とする。

「33＋38＋41＝112は何にあたる？」

「A､B､C2つずつの和！」

「じゃあ、A、B、Cの和は？」

「112÷2=56！」

「Aの求め方は？」

「56−41=15！」

「Bは？」

「33−15=18！」

「Cは？」

「38−15=23！」

A	B	C	和
○	○		33
○		○	38
	○	○	41
○○	○○	○○	112
○	○	○	56

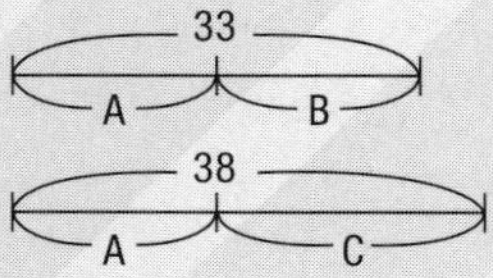

「今度は線分図を使って解いてみよう。
B、Cの差は？」

「5！」

「B、Cの和は41だから、Bの求め方は？」

「(41−5)÷2=18！」

「あとはさっきと同じだね。確かめの式は？」

「15+18=33！」

「15+23=38！」

「18+23=41！」

答え:15、18、23

問題 02

4つの整数(　　　)、(　　　)、(　　　)、(　　　)があり、4つのうちの3つずつの和はそれぞれ、76、81、82、88になる。

(制限時間3分　正解者3人　不正解者1人)

解説

4つの整数をA、B、C、D(A<B<C<D)とする。

「76+81+82+88=327は何にあたる?」

「A、B、C、D3つずつの和!」

「じゃあ、A、B、C、Dの和は?」

「327÷3=109!」


「Aの求め方は?」

「109−88=21!」

「Bは?」

「109−82=27!」

「Cは?」

「109−81=28!」

「Dは?」

「109−76=33!」

A	B	C	D	和
○	○	○		76
○	○		○	81
○		○	○	82
	○	○	○	88
○○○	○○○	○○○	○○○	327
○	○	○	○	109

「確かめの式は?」

「21+27+28=76!」

「21+27+33=81!」

「21+28+33=82!」

「27+28+33=88!」

答え:21、27、28、33

問 題

03

4つの整数（　　　）、（　　　）、（　　　）、（　　　）があり、4つのうちの2つずつの和はそれぞれ、17、18、21、24、27、28になる。

（制限時間12分　正解者1人　不正解者1人）

解　説

4つの整数をA、B、C、D（A＜B＜C＜D）とする。

「右の表のようにすると解けない。なぜだ？」

「……」

A	B	C	D	和
○	○			17
○		○		18
○			○	21
	○	○		24
	○		○	27
		○	○	28

「A＋DとB＋Cのどちらが大きいかは決められないんだ。たとえば、A＝1、B＝2、C＝3、D＝100のとき、A＋Dは？」

「101！」

「B＋Cは？」「5！」

「この場合は、A＋Dのほうが大きい。では、A＝1、B＝100、C＝101、D＝102のとき、A＋Dは？」「103！」

「B＋Cは？」「201！」

「この場合は、B＋Cのほうが大きい。表の上2つを線分図に表すと右のようになる。この図から何がわかる？」

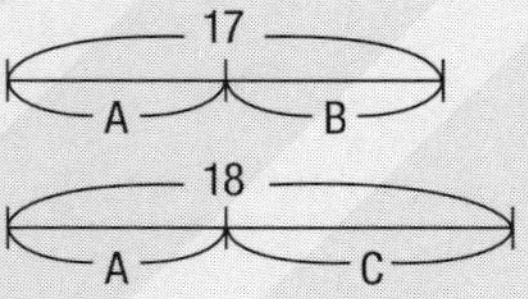

「B、Cの差が1！」

「BもCも整数だ。差が1になるということは、和は21か24のうちのどっちだ？」「21！」

「そうだ！　差が奇数なら和も奇数にならないと、BもCも整数にならないからね。じゃあ、Bを求める式は？」

「(21−1)÷2=10！」

「あとは順番にあてはめていけば、A＝7、C＝11、D＝17と出るね。確かめの式は？」

「7+10=17！」「7+11=18！」「7+17=24！」

「10+11=21！」「10+17=27！」「11+17=28！」

答え:7、10、11、17

問題 04

50円玉、100円玉、500円玉が何枚かずつある。

50円玉と100円玉は合計で10枚、50円玉と500円玉は合計で13枚、100円玉と500円玉は合計で9枚だ。合計金額は(　　　　)円。


(制限時間3分　正解者4人　不正解者1人)

解説

「50円、100円、500円の枚数の合計を求める式は？」

「(10+13+9)÷2=16！」

50	100	500	和
○	○		10
○		○	13
	○	○	9
○	○	○	16

「50円の枚数を求める式は？」

「16−9=7！」

「100円は？」

「10−7=3！」

「500円は？」

「9−3=6！」


「じゃあ、合計金額を求める式は？」

「50×7+100×3+500×6=3650！」


「確かめの式は？」

「7+3=10！」

「7+6=13！」

「3+6=9！」

答え:3650円

問題 05

124人が大型バス2台、小型バス1台に分かれて乗ったところ、席が11人分余った。大型バスの定員は小型バスの定員より15人多い。大型バスの定員は(　　　　)人、小型バスの定員は(　　　　)人。

(制限時間3分　正解者3人　不正解者0人)

解説

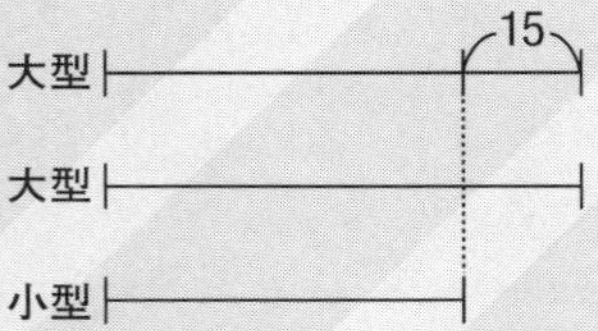

「線分図をかくと右のようになる。
124人乗って、
席が11人分余ったということは、
3台の定員の合計は?」
「124+11=135(人)!」

「小型バスの定員の求め方は?」
「(135−15×2)÷3=35!」

「じゃあ、大型バスの定員の求め方は?」
「35+15=50!」

「確かめの式は?」
「50×2+35×1−11=124!」

答え:大型バス50人、小型バス35人

問題 06

箱の中にご石が入っている。A、Bがじゃんけんをして、勝つと5個、負けると2個のご石を取る。何回かじゃんけんをすると、Aのご石は69個、Bのご石は57個になった。Aは(　　　)勝(　　　)敗だった。

(制限時間4分　正解者2人　不正解者0人)

解説

「1回勝負がつくとA、Bのご石の合計は何個増える?」

「5+2=7(個)!」

「じゃんけんの回数を求める式は?」

「(69+57)÷7=18!」

「1回勝つのと1回負けるのとでは差は何個?」

「5−2=3(個)!」

「AがBより何回多く勝ったかを求める式は?」

「(69−57)÷3=4!」

「じゃあ、Aが勝った回数を求める式は?」

「(18+4)÷2=11(回)!」

「負けた回数は?」

「11−4=7(回)!」

「確かめの式は?」

「5×11+2×7=69!」

「もうひとつの確かめの式は?」

「5×7+2×11=57!」

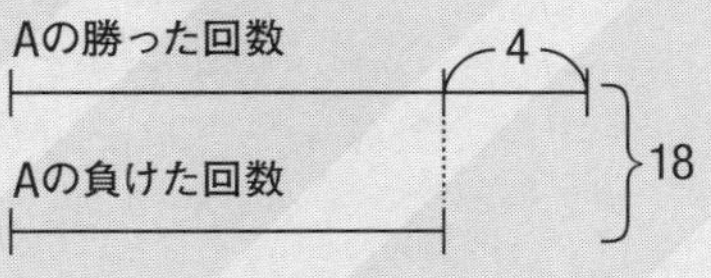

答え:11勝7敗

問題 07

A、Bがじゃんけんをする。勝つと5点増え、負けると2点減る。あいこのときは、どちらも2点ずつ増える。20回じゃんけんをすると、Aは43点、Bは22点だった。Aは(　　　)勝(　　　)敗(　　　)引き分けだった。

（制限時間4分　正解者2人　不正解者2人）

解説

「1回勝負がつくとA、Bの点数の合計は何点増える?」

「5−2=3(点)!」

「1回引き分けるとA、Bの点数の合計は何点増える?」

「2+2=4(点)!」

「引き分けが0回のとき、A、Bの点数の合計は?」

「3×20=60(点)!」

「勝負がつく回数が1回減り、引き分けが1回増えると点数の合計は何点増える?」

「4−3=1(点)!」

「今、A、Bの点数の合計は?」

「43+22=65(点)!」

「表から引き分けの回数は5回で、勝負のついた回数は15回だ。1回勝つのと1回負けるのとでは差は何点できる?」

「5+2=7(点)!」

「じゃあ、Aが勝った回数と負けた回数の差を求める式は?」

「(43−22)÷7=3!」

「Aが勝った回数を求める式は?」

「(15+3)÷2=9!」

「負けた回数は?」

「9−3=6(回)!」

「確かめの式は?」

「5×9−2×6+2×5=43!」

「もうひとつの確かめの式は?」

「5×6−2×9+2×5=22!」

勝負がつく回数	20	19	18	17	16	15
引き分けの回数	0	1	2	3	4	5
A、Bの点数の合計	60	61	62	63	64	65

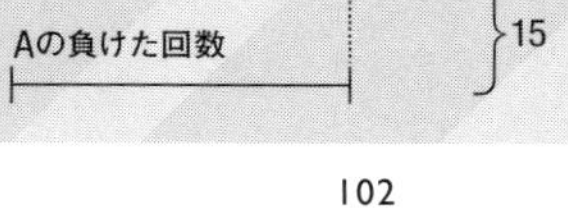

答え:9勝6敗5引き分け

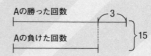

問題 08

A、B2人で的当てをした。当たるとAは5点、Bは4点増え、はずれるとAは3点、Bは1点減る。A、Bとも20回ずつやったら合計24回当たり、得点はAのほうがBより35点多かった。Aは（　　　　　）点、Bは（　　　　　）点だった。

（制限時間10分　正解者1人　不正解者0人）

解説

「Aが全部当たったとすると、Aのはずれた回数は？」「0回！」

「Bが当たった回数は？」「24−20=4（回）！」

「Bのはずれた回数は？」「20−4=16（回）！」

「Aの得点は？」「5×20=100（点）！」

「Bの得点は？」「4×4−1×16=0（点）！」

「A、Bの得点差は？」「100点！」

「Aの当たりの回数を1回減らすとAの得点は何点減る？」

「5+3=8（点）！」

「Bの得点は何点増える？」「4+1=5（点）！」

「A、Bの得点差は何点減る？」

「8+5=13（点）！」

A	当たり+5点	20回	19回	18回	17回	16回	15回
	はずれ−3点	0回	1回	2回	3回	4回	5回
B	当たり+4点	4回	5回	6回	7回	8回	9回
	はずれ−1点	16回	15回	14回	13回	12回	11回
Aの得点（点）		100点	92点	84点	76点	68点	60点
Bの得点（点）		0点	5点	10点	15点	20点	25点
得点の差（点）		100点	87点	74点	61点	48点	35点

「表を全部かくとこうなるけど、式だとどうなる？」

「（100−35）÷13=5（回）！」

「確かめの式は？」

「5×15−3×5=60！」「4×9−1×11=25！」「60−25=35！」

答え：A60点、B25点

問題
09

Aは360円、Bは600円を出し合ってみかんをいくつか買った。分けるときBはAより10個多く取ったので、Aに180円渡した。このときみかんは1個（　　）円、Aはみかんを（　　）個、Bはみかんを（　　）個取った。

（制限時間10分　正解者1人　不正解者3人）

解説

「最終的にAが支払った金額は？」

「360−180=180(円)！」

「Bが支払った金額は？」

「600+180=780(円)！」

「みかん1個の値段は？」

「(780−180)÷10=60(円)！」

「Aが取った個数は？」

「180÷60=3(個)！」

「Bが取った個数は？」

「780÷60=13(個)！」

「2人が最初に払った金額の合計を2通りの式で言ってごらん」
「360+600=960(円)！」
「180+780=960(円)！」

「じゃあ、確かめの式は？」

「960÷(13+3)=60！」

「60×3=180！」「180+180=360！」

「60×13=780！」「780−180=600！」

答え:みかん60円、A3個、B13個

問題 10

A、B、C3人で遊園地に行った。Aは交通費、Bは入場料、Cは乗り物代をそれぞれ3人分払った。その後、3人の出費を同じにするために、AはBに400円、Cに1600円渡した。入場料は交通費の5倍。1人分の交通費は(　　　　)円、入場料は(　　　　)円、乗り物代は(　　　　)円。

(制限時間10分　正解者1人　不正解者2人)

解説

「最初に支払った金額が一番少ないのは誰?」「A!」

「二番目に少ないのは?」「B!」

「Aがあとから2人に渡した金額の合計は?」

「400+1600=2000(円)!」

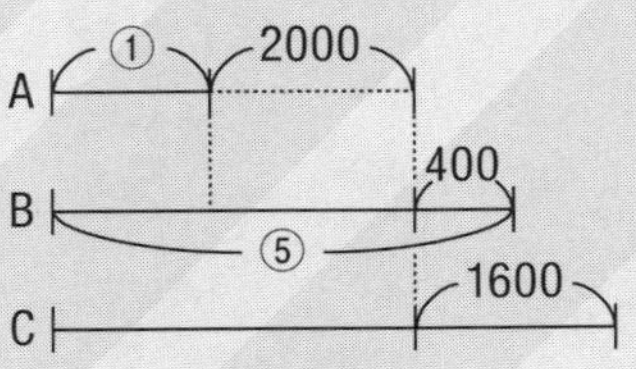

「線分図からわかることは?」

「④が2400円!」

「Aが最初に支払った金額は?」

「2400÷4=600(円)!」

「Bが最初に支払った金額は?」

「600×5=3000(円)!」

「Cが最初に支払った金額は?」

「3000−400+1600=4200(円)!」

「1人分の交通費は?」「600÷3=200(円)!」

「1人分の入場料は?」「3000÷3=1000(円)!」

「1人分の乗り物代は?」「4200÷3=1400(円)!」

「最終的にそれぞれが払った金額は?」

「(600+3000+4200)÷3=2600(円)!」

「確かめの式をA、B、Cの順に」

「600+2000=2600!」「3000−400=2600!」

「4200−1600=2600!」

答え:交通費200円、入場料1000円、乗り物代1400円

緊張感を高める先着1名様タイム

ここまでが、黒板授業の流れです。制限時間は最初に5分と決めても、子どもたちの様子を見ながら短縮、延長をすることもあります。

「これは誰も解けそうにないなあ」と判断したら、「全ボッ！」と宣言していったん打ち切ります。このとき、トップの子からポイントを引きます。これは、**できる子にプレッシャーを与えるのに有効です。**

没収したポイントは、共同募金箱に入ります。

そして、ヒントを少しだけ出し、タイマーを7分くらいにセットして、「先着1名様タイム」に入ります。

この時間では、誰か1人が正解したらそこで打ち切りです。ただし、間違えるとおきざりコーナーと同じルールでポイントを引きます。

このときの正解者には、共同募金箱の中のポイントを全部進呈します。誰かが手を挙げると、一瞬手が止まり、教室全体に緊張が走ります。

私が「正解！」と言うとため息が漏れ、「ボツ！」と言うと猛烈な勢いで、再び解きはじめます。

この「先着1名様タイム」は、一発大逆転のチャンスになるのでとても盛り上がります。

確信を持って答えを書く経験をさせる

授業の最後には、25分でその日の復習テストをします。

テストはB４の用紙に印刷し、右半分は計算スペースにします。パズルと同じように裏返しにして一人ひとりに配ります。

タイマーを25分にセットし、「10秒前……5秒前……はじめ！」で一斉に解きはじめます。

採点は、テスト終了後、隣の子と交換して行います。

採点方法にも一工夫あります。1題につき、正答は10点、空欄は0点、誤答はマイナス10点で採点します。

このお楽しみテストの意義は、90分の授業内容を25分で集中して復習することにあります。

誤答だとマイナスされるので、あやふやな答えを書くことはできません。**慎重に見直しをし、確信を持って書いた答えが正解していれば、大きな自信につながるのです。**

また、確信を持って書いた答えが不正解の場合や、答えは出したけれど確信が持てなくて解答欄に記入できなかった場合には、悔しい思いをします。その経験も印象に残るものです。

これは、家庭で学習するときの大きな指針になります。あと少しで正解できた問題から復習すればいいわけですから。

私は、小3の時点で自分の答えに責任を持つことを習慣づけていますので、小4以降の算数においてもいい加減な答えを書くことは許しません。

お楽しみテストの実際の例は、次のページに掲載しています。

6 A、B2人がじゃんけんをする。勝つと6点、負けても2点増える。何回かじゃんけんをすると、Aは104点、Bは72点になった。
Aは（　　　勝　　　敗）だった。

7 A、B2人がじゃんけんをする。勝つと7点増え、負けると4点減り、あいこのときはどちらも2点ずつ増える。32回じゃんけんをするとAは34点、Bは67点だった。
Aは（　　勝　　敗　　引き分け）だった。

8 A、B2人で的当てをした。当たるとAは7点、Bは5点増え、はずれるとAは4点、Bは1点減る。A、Bとも20回ずつやったら合計17回当たり、得点はBのほうがAより26点多かった。Aは（　　　　）点、Bは（　　　　）点だった。

9 Aは600円、Bは900円を出し合ってみかんを（　　　　）個買った。分けるとき、BはAより10個多く取ったので、Aに225円渡した。

10 A、B、C3人で遊園地に行った。Aは交通費を、Bは入場料を、Cは乗り物代をそれぞれ3人分払った。その後、3人の出費を同じにするためにAはBに300円、Cに1200円渡した。入場料は交通費の3倍。
1人分の交通費は（　　　　）円、入場料は（　　　　）円、乗り物代は（　　　　）円。

宮本算数教室お楽しみテスト

1 ３つの整数のうちの2つずつの和は21、37、40。3つの整数は（　　　　　　　　　）。＊小さい順に書くこと！

2 ４つの整数のうちの3つずつの和は38、46、52、62。
４つの整数は（　　　　　　　　　　　）。＊小さい順に書くこと！

3 ４つの整数のうちの2つずつの和は42、45、49、50、54、57。4つの整数は（　　　　　　　　　　）。＊小さい順に書くこと！

4 50円玉と100円玉は合計18枚。50円玉と500円玉は合計14枚。100円玉と500円玉は合計20枚。
全体の合計は（　　　　）円。

5 226人が大型バス3台と小型バス2台に乗ると席が6人分余った。大型バスは小型バスより14人多く乗れる。
定員は大型が（　　　）人、小型が（　　　）人。

私の教室でテストを受けているような臨場感を出すために、Ｂ４サイズに拡大コピーして使うといいかもしれません。

解き方を暗記させせない

私の教室にはテキストがありません。子どもがとったノートがテキストになります。家庭学習はこのノートをもとに行うことになりますが、いくつかの注意点があります。

授業で何も吸収してこない子どもに対して、親が一から十まで教えてしまうと、子どもはそういうものなんだと思ってしまい、授業中に頭を使わなくなります。

また、「ノートをきれいにとれ」ということを言い過ぎると、ノートをとることだけに集中し、問題を解かなくなります。

ですから、父母会では**「家庭ではなるべく根気よく子どもの言葉を引き出してくださ**

い」と、口をすっぱくしてお願いしています。

「ええい！　じれったいな！　これとこれを足してこれで割るだけだ！　わからなければ覚えろ！」というのは厳禁です。

授業は、トップの子が飽きないペースで進めますので、理解度の低い子が10題全部を復習するのは無理です。

小4で5題、小5は3題が完璧に理解できればそれで十分です。

翌週の授業の最初の30分のおきざりコーナーは、このノート問題、テスト問題の数値替え問題ですから、家できちんと復習をしていれば必ずできます。

ただし、ここにも落とし穴があります。**仕組みを理解せずに解き方だけを暗記していると、学力として何も残らない**ということです。

授業の復習をする際には、図や表をかき、1つひとつの数値の意味を理解しながら慎重に解き進める必要があります。

また、そうでなければ、解いていても楽しくはないでしょう。

おきざりコーナーの正解の数にとらわれ過ぎるのも危険です。

おきざりコーナーだけ全力で集中し、黒板授業に切り替わった瞬間にスイッチが切れてしまうからです。

私の授業に臨むに際してもっとも重要なことは、黒板授業の問題を解くときに頭をフルに使うということです。

この授業の形式は小6の途中までつづきます。

POINT

①自分の出した答えには責任を持たせましょう。
②今、何をやるかは自分で判断させましょう。
③解き方だけ暗記させても学力にはなりません。

第3章

算数を仕上げる

小学6年生の授業

私が黒板授業というまだるっこい授業形態にこだわるのは、このやり方が私と子どもたちの緊張感を持続させるのにもっとも有効だからです。

私がノートの問題を黒板に書き写すときにも、ミスをすると子どもたちの貴重な時間を無駄にしてしまいますので、慎重に書き写します。

子どもたちも、問題を写し間違えると問題が解けないので、慎重に書き写します。そして、書き写すのと同時に問題を熟読します。

この緊張感がお互いにとって極めて重要なのです。同じ教材で何年も授業をやっていると、私のほうの気持ちがだんだん緩んできます。

プリントをコピーしてやらせるだけだと、ミスは起こりませんから、私の緊張感が緩み、それにつられて子どもたちの緊張感も緩みます。だから、小6の後半までは黒板授業をつづけているのです。

とはいえ、黒板授業にも大きな欠点があります。超長文問題を出す気にならないということです。

実際の超長文問題の問題文を大幅に圧縮して黒板問題として出すことはありますが、超長文問題を丸ごと読ませる必要もあります。

また、小6の後半になると、おきざりコーナーの意味がなくなります。算数に関しては、授業の復習などをやっている場合ではないからです。その場で解けなければアウトなのです。

ハードモードのボーナステスト

「わからないから、おうちで考えよう」というモードを強制的に終わらせてしまうために、小6のある時期から、おきざりコーナーのかわりに「ボーナステスト」というプリントを入れます。

このプリントも私のオリジナルで、いろいろな学校の入試問題をひねったり、数値を替えてあります。

7 Ａ、Ｂ、Ｃ、Ｄ、Ｅ5人の平均よりＣ、Ｄ、Ｅ3人の平均のほうが12点高く、Ａ、Ｂの合計点は154点。
5人の平均は（　　　　）点。

8 Ａ、Ｂ、Ｃ3つのブザーがあり、Ａは8秒鳴っては4秒止まり、Ｂは10秒鳴っては5秒止まり、Ｃは7秒鳴っては3秒止まる。3つ同時に鳴りはじめてから3分間に3つ同時に鳴っていた時間は合計（　　　　）秒。

9 ＤＦ：ＤＥ＝3：4　　ＡＣ＝15cm
ＢＣ＝9cm　　ＤＥ＝（　　　　）cm

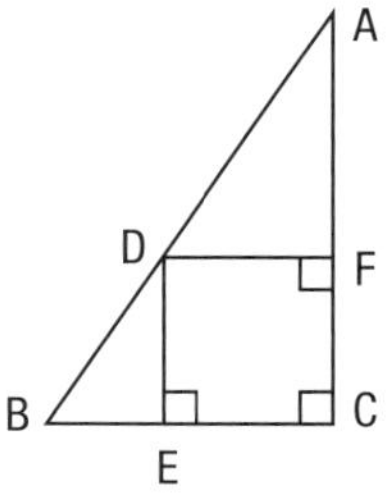

10 ＡＥ：ＥＢ＝4：1
ＤＦ：ＦＣ＝1：2
斜線部分の面積は
ＡＢＣＤの（　　　　）倍

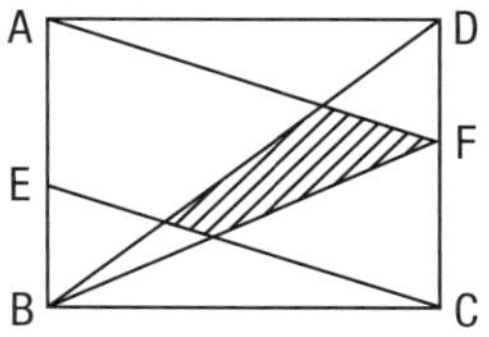

宮本算数教室お楽しみボーナステスト❶

点

1 $\frac{2}{3} - \frac{4}{9} + \frac{1}{4} =$ (　　　)

2 $5\frac{5}{8} \div \frac{27}{32} - 4\frac{1}{5} \times \frac{25}{49} =$ (　　　)

3 $1.77 \div \left(2.1 - \frac{5}{8}\right) - \frac{3}{5} =$ (　　　)

4 $\frac{1}{9} - \left\{0.5 - \left(\frac{5}{6} - 0.7\right)\right\} \div 9.9 =$ (　　　)

5 甲はA地点から山頂Bへ登ってC地点に下山し、乙はCからBへ登ってAに下山した。甲、乙はそれぞれA、Cを同時に出発し、甲はABの真ん中で5分、Bで10分休み、乙はBで10分休んだ。どちらも上りは時速4km、下りは時速6kmで、出発から到着までの時間は甲は3時間45分、乙は3時間20分。
甲乙が出会うのは出発してから（　　　時間　　　分後）。

6 100円玉、10円玉、1円玉が全部で120個あり、合計の金額が10200円のとき100円玉は（　　　）個。（どれも最低1個はあるものとする）

計算ミスは根絶させる

このボーナステストは15分でやります。

1〜4までは毎回計算問題で、これを間違えるとポイントを引きます。最初のうちは1問間違えるとマイナス5ポイントですが、だんだん、このマイナスは大きくなっていき、1月には1問間違えるとマイナス1000ポイントになります。

不正解者が1人だけのときは、このマイナスはさらに2倍になります。

採点は、小4時からのお楽しみテストと同じで、正答は10点、空欄は0点、誤答はマイナス10点です。ただし、計算問題だけは空欄でも誤答扱いにします。

テスト終了後、隣どうしで交換し、採点をします。そのあとで点数を申告させます。100点から順に点数を聞いていくので、自分の点数のところで手を挙げさせます。

「100点、90点、……20点、10点、0点、マイナス10点、マイナス20点……」という形です。

ポイントは、20点につき1ポイントです。100点が複数いれば10ポイント、単独だと20ポイントです。

単独ビリはマイナス5ポイント、0点はマイナス10ポイント。点数がマイナスになると、その点数の分だけマイナスになります。

これらのポイントを黒板のそれぞれの名前の横に書き入れたあと、おもむろに「計算を1問間違えた人?」と計算ミスの申告をさせます。

夏期講習の時点ではけっこう間違える子が多いのですが、徐々に減っていき、年明けには誰も間違えなくなります。

入試直前にショックを与える理由

それでもミスというものは、誰にでも起こりうるものです。

ある年、1月下旬の最後の授業で、「計算を1問間違えた人？」と聞いたところ、1人の子がおずおずと手を挙げました。

私が「マイナス2000ポイント！」と宣告したとたん、教室の空気が凍りつきました。赤い正の字を太く書くと、1個につきマイナス50ポイントです。これを40個黒板に書きました。黒板をチョークが叩く冷たい音だけが教室に響きました。

空前絶後の巨大マイナスを食らった子は大きなショックを受け、一瞬にして青ざめました。その衝撃は、合格発表で掲示板に自分の番号を見つけられなかったときの衝撃と同等です。

「入試直前の受験生にそんなショックを与えていいのか？」

――いいんです！

今まで、1月にそういう目にあった子は、全員が第一志望校に受かっています。このボーナステストの趣旨は、**ささやかなミスがいかに重大な結果につながるかということを子どもたちに思い知ってもらう**ということでもあるのです。

思い知るのは、ミスをした子だけではありません。

私が淡々と黒板に、極太の赤い正の字を書いている間、全員の顔が引きつっています。

「一歩間違えれば、自分も同じ目にあう」ということを知っているからです。

私の教室の子どもたちが本番に強いのは、教室で本番よりも恐ろしい目にあっているからなのです。

また、このボーナステストでは、解けない問題を後回しにする習慣をつけさせるという目的もあります。

このテストの場合、[5]と[10]は捨て問題です。制限時間15分ですから、初見で解ける子はまずいません。

どの問題も、小5の黒板授業ですでにやってはいるのですが、この2題は手ごわいです。逆にこの2題を捨てれば、80点を取ることはそれほど難しくはありません。[5]以降の問題は1題ずつ解説をし、そのあとで、ボーナステスト②（同じ問題の数値替え。次のページ参照）をやります。

7 Ａ、Ｂ、Ｃ、Ｄ、Ｅ5人の平均よりＣ、Ｄ、Ｅ3人の平均のほうが14点高く、Ａ、Ｂの合計点は128点。
5人の平均は（　　　　）点。

8 Ａ、Ｂ、Ｃ3つのブザーがあり、Ａは5秒鳴っては4秒止まり、Ｂは9秒鳴っては3秒止まり、Ｃは4秒鳴っては2秒止まる。
3つ同時に鳴りはじめてから5分間に3つ同時に鳴っていた時間は合計（　　　　）秒。

9 ＤＦ：ＤＥ＝4：5　ＡＣ＝12cm
ＢＣ＝8cm　ＤＥ＝（　　　　）cm

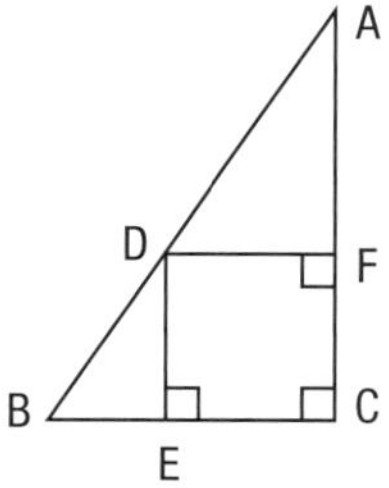

10 ＡＥ：ＥＢ＝３：１
ＤＦ：ＦＣ＝２：３
斜線部分の面積は
ＡＢＣＤの（　　　　）倍

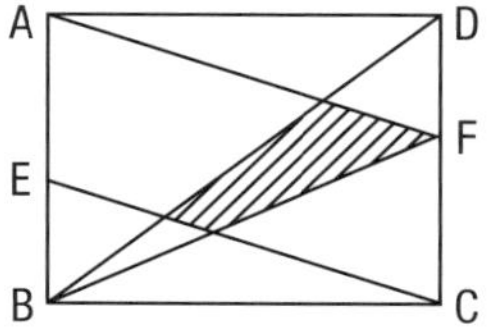

宮本算数教室お楽しみボーナステスト❷

点

1 $\frac{2}{3} - \frac{1}{6} + \frac{3}{4} = (\qquad)$

2 $5\frac{1}{7} \div \frac{27}{35} - 4\frac{2}{3} \times \frac{27}{49} = (\qquad)$

3 $2.28 \div \left(2.1 - \frac{5}{6}\right) - \frac{3}{5} = (\qquad)$

4 $\frac{1}{2} - \left\{0.5 - \left(\frac{5}{6} - 0.8\right)\right\} \div 2.8 = (\qquad)$

5 甲はA地点から山頂Bへ登ってC地点に下山し、乙はCからBへ登ってAに下山した。甲、乙はそれぞれA、Cを同時に出発し、甲はABの真ん中で12分、Bで6分休み、乙はBで12分休んだ。どちらも上りは時速3km、下りは時速5kmで、出発してから到着するまでの時間は甲は7時間6分、乙は6時間12分。
甲乙が出会うのは出発してから（　　　時間　　　分後）。

6 100円玉、5円玉、1円玉が全部で56個あり、合計の金額が3300円のとき、5円玉は（　　　）個。（どれも最低1個はあるものとする）

問題をよく読まない子を罠にはめる

解説したあとで類題を出すと、問題をよく読まずに解く子がいますが、もちろん、そういう子をはめるための罠もいくつか仕掛けておきます。

ところどころ、条件を変えてあるのがおわかりでしょうか？　問題をよく読まないと罠にはまるように作ってあるのです。

もう1つの恐ろしいルールは、1回目の点数を下回るとポイントがマイナスになることです。1回目の点数を上回った場合にのみ、前と同じルールでポイントが加算されます。

1回目と同点だと増減なしで、下回ると10点につき2ポイントマイナスになります。

このようにして、2回目のボーナステストでは、1回目に正解した問題は絶対に間違えないことと、1回目に解けなかった問題のうち、最低1問は正解することを義務づけます。

まとめると、ボーナステストでは、次の4つのことを身につけてもらいます。

1 見直しは、1題ごとにすぐにやる（最後まで解いてから戻るのはダメ！）。
2 計算問題は絶対に間違えない。
3 解ける問題は確実に正解する。
4 わからない問題は捨てる。

絶対に間違えられない「満点宣言！」ルール

ポイントを引くばかりではつまらないので、ポイントが大幅にアップするルールも取り入れています。それが「満点宣言！」ルールです。

テスト中に満点を取る自信があれば、得点欄に赤ペンで、「100」と自分で書き込むのです。実際に100点なら、倍のポイントを進呈します。

もし100点が取れなかったら、100点に足りない分だけポイントを引きます。たとえば、満点宣言をして、50点しか取れない場合は、50ポイント引きます。

このようにすることで、**「絶対に間違えない」ということがどういうことかを覚えさせる**のです。

100点

7 A、B、C、D、E5人の平均よりC、D、E3人の平均のほうが10点低く、A、Bの合計点は126点。
5人の平均は（　　　　）点。

8 A、B、C3つのブザーがあり、Aは2秒鳴っては1秒止まり、Bは2秒鳴っては3秒止まり、Cは4秒鳴っては2秒止まる。
3つ同時に鳴りはじめてから5分間に3つ同時に鳴っていた時間は合計（　　　　）秒。

9 DF：DE＝3：5　AC＝18cm
BC＝9cm　BE＝（　　　　）cm

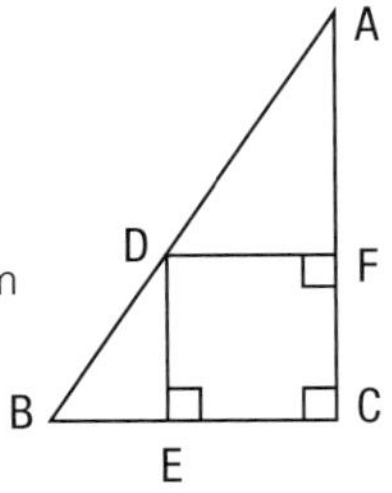

10 AE：EB＝7：2
DF：FC＝1：2
斜線部分の面積は
ABCDの（　　　　）倍

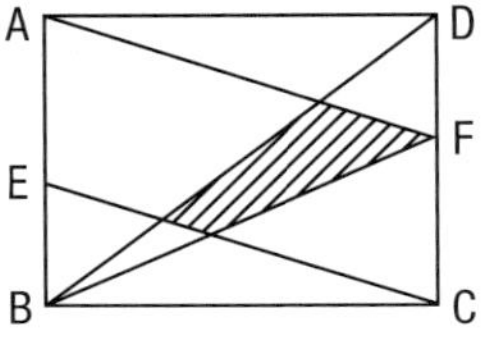

宮本算数教室お楽しみボーナステスト❸

点

1 $\frac{7}{9} - \frac{5}{6} + \frac{1}{3} = ($　　　$)$

2 $9\frac{5}{8} \div \frac{11}{16} - 3\frac{1}{5} \times \frac{25}{48} = ($　　　$)$

3 $1.52 \div \left(1.8 - \frac{5}{7}\right) - \frac{3}{5} = ($　　　$)$

4 $\frac{1}{4} - \left\{0.1 - \left(\frac{3}{4} - 0.7\right)\right\} \div 0.4 = ($　　　$)$

5 甲はA地点から山頂Bへ登ってC地点に下山し、乙はCからBへ登ってAに下山した。甲、乙はそれぞれA、Cを同時に出発し、甲はABの真ん中で10分、Bで5分休み、乙はBで10分休んだ。どちらも上りは時速4km、下りは時速8kmで、出発してから到着するまでの時間は甲は4時間15分、乙は3時間40分。
甲乙が出会うのは出発してから（　　　時間　　　分後）。

6 100円玉、10円玉、1円玉が全部で100個あり、合計の金額が8560円のとき、100円玉は（　　　）個。（どれも最低1個はあるものとする）

入試を意識させる「思考力アップ」問題

小6の6月下旬から9月中旬くらいまでは、おきざりコーナーのかわりにボーナステストをやるだけで、あとの流れは同じです。

ただし、黒板授業の時間が15分くらい短くなります。

そして、9月下旬からは黒板授業を一切やめます。


私が子どもたちに入試を意識させるのはこの時期からです。

それ以前は、問題を楽しみながら解いていればそれでいいと思っていますが、この時期からは、悔いのない状態で入試当日を迎えるために徹底的にしごき倒します。そのために新しく登場するのが、「思考力アップ」問題です。


ここから1月下旬の最後の授業までは、次のような流れになります。

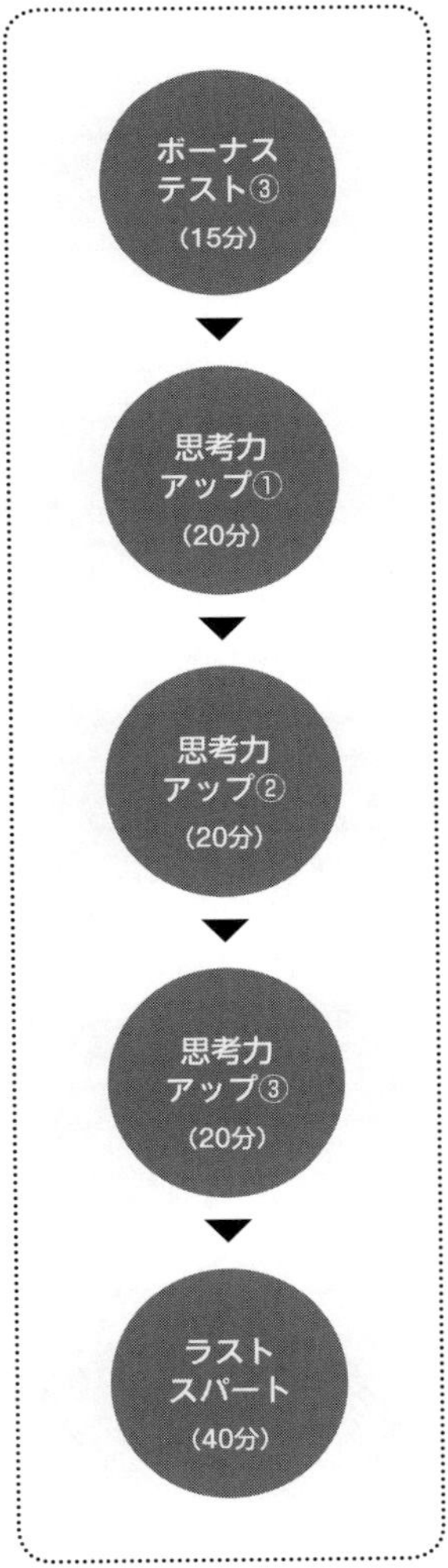

ボーナステストは20パターンあり、それぞれに数値替えプリントが7枚ずつあります。授業ではそのうちの一部を使います。答え合わせをし、点数をつけて、ポイントを入れますが、解説はやりません。

ボーナステストのバリエーションを次ページ以降に3種類掲載しておきます。

7 右の直角三角形から１辺６㎝の正方形は最大（　　　）個とることができる。

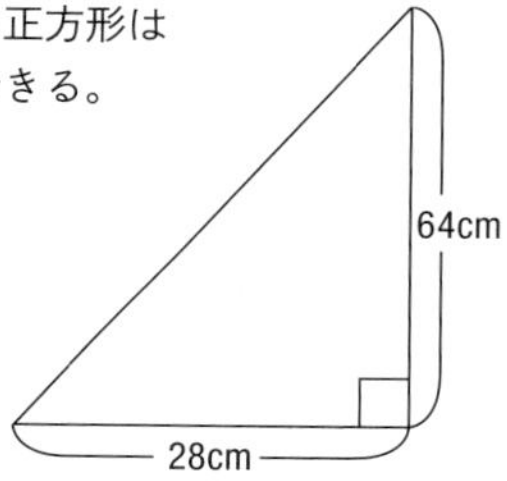

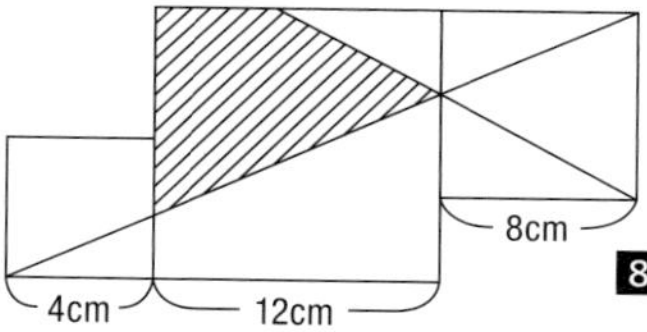

8 正方形が３つ並んでいる。斜線部分の面積は
（　　　）cm^2。

9 ＡＢとＦＧ、ＡＣとＤＥはそれぞれ平行。
ＡＦ：ＦＣ＝１：３、
ＡＤ：ＤＢ＝１：５、
ＡＤＨＦとＨＧＥの
面積比は（　　：　　）。

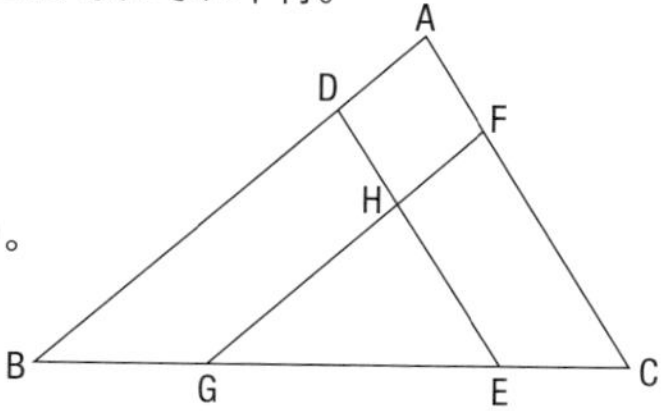

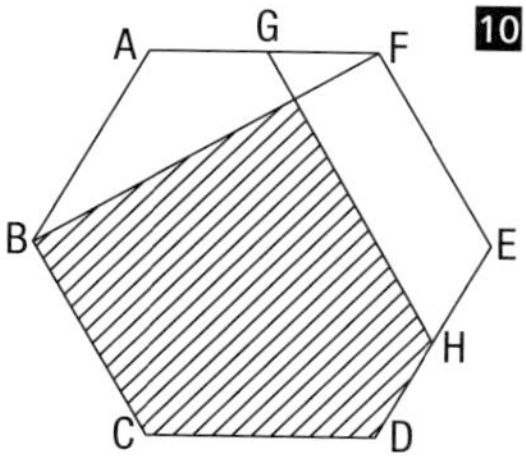

10 ＡＢＣＤＥＦは正六角形。
ＡＧ：ＧＦ＝ＤＨ：ＨＥ＝５：３
斜線部分の面積は、
ＡＢＣＤＥＦの（　　　　）倍。

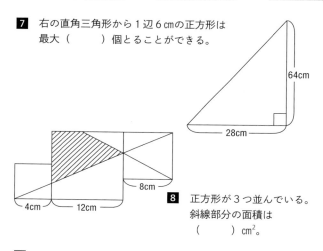

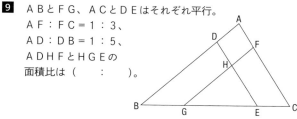

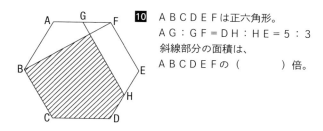

宮本算数教室お楽しみボーナステスト❹

点

1 $9\frac{1}{3} - 5\frac{2}{9} - 1\frac{5}{6} =$ (　　　)

2 $5\frac{5}{32} \div 2\frac{1}{7} \times \frac{16}{33} - 6\frac{1}{4} \times \frac{8}{27} \div 3\frac{1}{3} =$ (　　　)

3 $\frac{5}{9} - \left(\frac{2}{3} - \frac{8}{9} \div 2.4\right) \div 1.2 =$ (　　　)

4 $1 - \left\{\frac{1}{3} - \left(1\frac{1}{3} - \frac{3}{4}\right) \div 2\frac{5}{8}\right\} =$ (　　　)

5 Aが自分の所持金の$\frac{1}{5}$をBに渡し、Bがそのときの自分の所持金の$\frac{1}{6}$をCに渡し、Cがそのときの自分の所持金の$\frac{1}{7}$をAに渡すと、3人の所持金の比は5：4：6になった。
最初のA、B、Cの所持金の比は（　　：　　：　　）。

6 はじめに原価80円の品物を750個仕入れた。定価130円で80個売れるごとに40個仕入れるということをくりかえすと、品物の数が15個になったとき、利益は全部で(　　　)円。

8 じゃ口から一定の割合で水が入ってくる水そうの水をポンプでくみだす。5台だと30分で45cm、7台だと36分で90cm、水面が下がる。
水の深さが180cmの状態から12分以内で水そうを空にするには、ポンプは（　　　　）台必要。

9 ∠O＝60°、OA＝12cm、
もとの状態にもどるまで、矢印の方向に転がって回転する。
点Oの動いたあとの面積は（　　　　）cm^2。

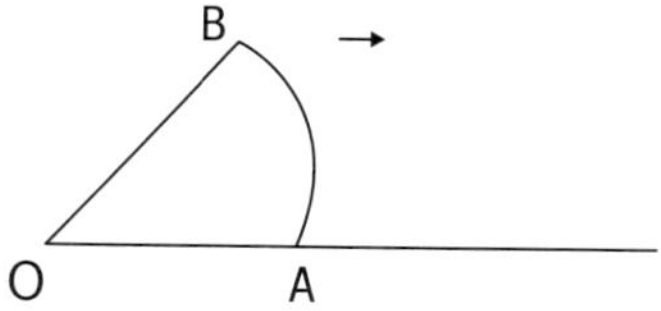

10 半径1cmの円がABCDEFの内側を転がって1周する。
AB＝12cm、BC＝20cm、CD＝8cm、DE＝12cm、
円の動いたあとの面積は（　　　）cm^2。

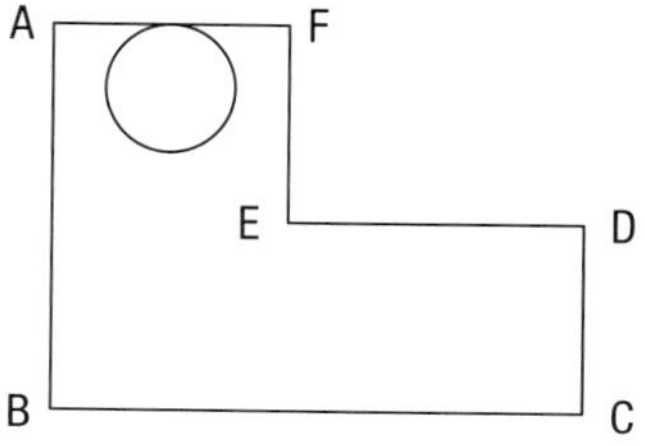

宮本算数教室お楽しみボーナステスト❺

（※円周率は3.14とする）

点

1 $\frac{1}{3}+\frac{4}{9}-\frac{1}{2}=(\quad\quad)$

2 $5\frac{5}{14}\div1\frac{7}{8}\times\frac{7}{20}-1\frac{3}{5}\times\frac{5}{12}\div5\frac{1}{3}=(\quad\quad)$

3 $(2.4\times1.2-1.92)\div3.6-\left(2.4\div7.2-\frac{1}{6}\right)=(\quad\quad)$

4 $\left(3.2-2\frac{2}{3}\right)\div\left\{\left(7\frac{1}{2}-2.16\times2.5\right)\times\frac{4}{7}\right\}=(\quad\quad)$

5 1×2×3×4×…×x が61236でわりきれるとき、x にあてはまる最小の整数は（　　　）。

6 1×2×3×…×98×99×100の積の末尾には0が（　　　）個並ぶ。

7 3つの食塩水A、B、Cがあり、AとBをまぜると15％の食塩水が750g、BとCをまぜると9％の食塩水が600g、CとAをまぜると19％の食塩水が650gできる。Cの濃度は（　　　）％。

8 水が入った水そうにじゃ口から一定の割合で水が入ってくる。この水をポンプでくみだすのにかかる時間は、入れる量を90％、出す量を50％増やしても変わらないが、入れる量を50％、出す量を10％増やすと14時間増える。入れる量を60％、出す量を20％増やすと、くみだすのにかかる時間は（　　　）時間。

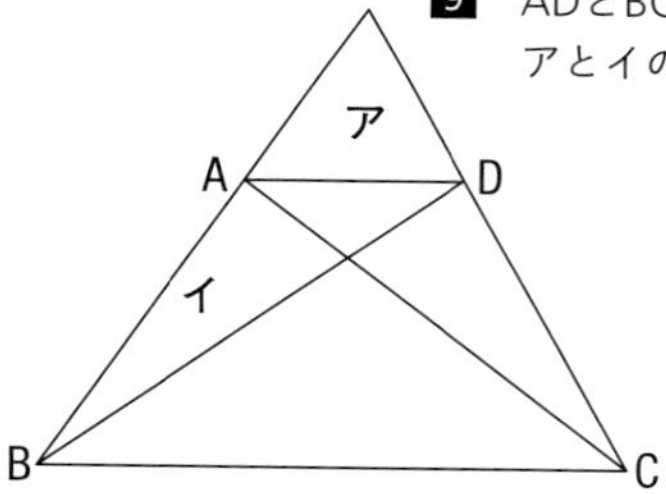

9 ADとBCは平行。AD：BC＝2：9。
アとイの面積比は（　　：　　）。

10 A、Cの面積の和はBの面積に等しい。
Cの中心角は（　　　）度。

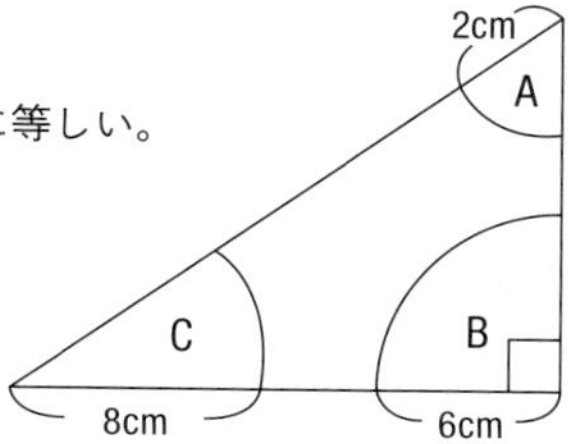

宮本算数教室お楽しみボーナステスト❻

点

1 $8\frac{1}{15} - 2\frac{4}{5} - 4\frac{5}{6} = (\qquad)$

2 $31\frac{1}{9} \div 9\frac{1}{3} - 1\frac{2}{5} \times 1\frac{6}{7} = (\qquad)$

3 $8.8 \times \left(\frac{10}{11} - 2.4 \div 2.75\right) - 0.2 = (\qquad)$

4 $13.5 - \left\{3\frac{1}{3} \times \left(65 \div 3.9 - \frac{1}{6}\right)\right\} \div 4.4 = (\qquad)$

5 12時間に４mmの雨が降った。この間の１時間に１aの土地には（　　）tの雨が降ったことになる。ただし、雨１㎤の重さは0.96g。

6 Aの4倍とBの3倍の所持金の和は22600円。Aの $\frac{4}{5}$ とBの $\frac{1}{3}$ の所持金の和は3400円。Aの所持金は（　　）円。

7 一定の割合で水がわきでる井戸からポンプで水をくみだす。5台だと40分、９台だと12分、14台だと（　　）分ですべてくみだせる。

「思考力アップ」は2題セットです（145〜147ページ参照）。誰も解いたことがない問題をいろいろなところから引っぱってきます。オリジナル問題もあります。

「思考力アップ」の特徴は、文章が長いことと見慣れないタイプの問題であることです。

「思考力アップ」は、誤答でも減点しません。そのかわり、全問正解と1問間違いで大きく差をつけます。2は3つとも正解だと50点ですが、1つ間違えると20点になってしまいます。

では、どういう問題があるか、見てみましょう。

最後の悪あがき だめ押しの思考力アップ

1 4つの数字で時刻を表すデジタル時計があります。時刻は24時制で表され、それを3けたまたは4けたの整数と考えます。
例えば、午前7時32分なら、0732と表示されますので、これを3けたの整数732と考えます。また、午後2時40分なら、1440と表示されますので、これを4けたの整数1440と考えます。

これについて、次の問いに答えなさい。ただし、正午（午前12時、午後0時）については考えないものとします。

(1) 午前11時から午後1時までに12の倍数が現れる時刻は何回ありますか。

(2) 午前中のある時刻と午後のある時刻では、数字の並び方がちょうど逆になっていました。このような時刻の組み合わせは全部で何通りありますか。ただし、どちらも4けたの整数とします。

2 下の数表の太線の中の数は、たての数と横の数をかけたものです。途中の部分は省略されていますが、すべてあるものとして、次の問いに答えなさい。

×	24	25	・・・・・・・・	90
18	432	450	・・・・・・・・	1620
19	456	475	・・・・・・・・	1710
・	・	・		・
・	・	・		・
・	・	・		・
・	・	・		・
・	・	・		・
60	1440	1500	・・・・・・・・	5400

(1) 太線のわくの中に3の倍数は何個ありますか。

(2) 太線のわくの中に6の倍数は何個ありますか。

(3) 太線のわくの中に12の倍数は何個ありますか。

解き方を書くこと！

氏名	点数

1

(1)	回

(20点)

(2)	通り

(20点) **完答50点**

2

(1)	個

(10点)

(2)	個

(10点)

(3)	個

(10点) **完答50点**

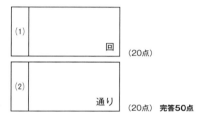

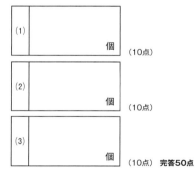

解けそうな問題から解くというスキル

「思考力アップ」でまず大事なことは、「解けそうな問題から解きはじめろ！」ということです。

模擬試験だと、だいたい易しい問題から難しい問題へと配列されていますので、前から順に解いていけばいいのですが、実際の入試はそういうふうに親切に作られてはいません。

途中のやっかいな問題を見抜いて後回しにすることも必要な学力なのです。

この「思考力アップ」も、[1]、[2]のどちらが易しいかはプリントによって異なります。開始1分以内に両方の問題に目を通し、解けそうな問題を選びます。

次に大切なことは、**必ず両方とも解くこと**です。

ボーナステストでは「解けない問題は捨てろ！」と言いますが、「思考力アップ」のように枝問がいくつか並んでいるものは、必ず(1)だけでも取らなければなりません。

145ページの1の(1)と(2)では、難易度がまるで違います。1だけに熱中していると、(2)の途中で時間切れになり、2を手つかずで終わらせてしまうことになります。

2の(1)は、1の(2)よりはるかに易しいので、1の(2)で手こずりそうだな、と判断したら、先に2の(1)に進むべきなのです。

そのあとで、また1の(2)に戻るか、2の(2)に進むかを判断します。

トップ校を受験するうえで、**わからなかったらいったんとばすという技は必要不可欠**です。

たとえば、開成の場合、60分で大問は3題しか出ません（年度によって異なりますが）。

仮に、①に(1)(2)、②に(1)(2)(3)、③に(1)(2)(3)と計8題の枝問があるとします。

「はじめ！」の合図で、①の(1)から解きはじめ、(1)はすんなり解けたけれど、(2)に大苦戦をし、なかなか②に進めない。解決の糸口さえもつかめない。

気がつくと30分も経っている！

答案はほとんど真っ白だ！


あわてて②に進むけれど、冷静に問題文が読み取れない。

ふだんならやらないようなミスを繰り返し、不確かな答えを解答欄に書き込み、③に進もうとしたら……、あと5分しかない！

問題をななめ読みし、(1)12、(2)20、(3)28と思いついた数を適当に書き、試験時間終了。

こういう子は、試験のあと「全然できなかった」とは言いません。

「全部書いた」「一応埋めた」と言い、「運がよければ受かっているかも」と淡い期待を抱きつつ、発表会場に向かう。

「あっ！　ぼくより下のクラスのヤツが大きな封筒を持ってニコニコしている！　じゃあ、ぼくも受かっているにちがいない！」と掲示板に向かい、そこで初めて現実に直面し、愕然としてうなだれる。

これは実話ではなく、想像で適当に書いていますが、よくある出来事だと思います。だいたい、そんな受け方で、受かるはずがないのです。

得意分野から攻め落とすことが合格への近道

正しい入試の受け方はこうです。

まず、[1]、[2]、[3]にざっと目を通し、**自分の得意分野の問題を探し、そこから解きはじ**

める。

それが[1]の場合、[1]の(1)から解きはじめ、(2)に苦戦しそうなら、迷わず[2]の(1)に進む。

それが解けたら、[1]の(2)に戻るか、[2]の(2)に進むか、[3]の(1)に進むか判断する。

[2]の(2)を解いているときに、[1]の(2)の解き方が浮かんだら、[1]の(2)に戻る。

「さっきは何にもわからなかったのに、糸口をつかめばそれほど難しい問題じゃないな」と[1]の(2)を解き、[2]の(2)に戻る。または、[3]の(1)に進む。

「なんだ、[3]の(1)が一番簡単じゃないか！」と[3]の(1)を解き、そのまま、[3]の(2)に進む。

「これもそれほど難しくないな」と[3]の(2)を解き、[3]の(3)に進む。

「うわっ！　なんだ、こりゃ!?　絶対に無理！」と[2]の(2)に戻る。

「あっ！　ここところが等しいんじゃん！　じゃあ、解ける！」と[2]の(2)を解き、[2]の(3)に進むか、[3]の(3)に戻るか判断する。そうこうしているうちに時間切れ。

こうして解いて、枝問8題中6題正解なら、まず合格でしょう（もちろん、他教科とのバランス、その年度の問題のレベルにもよりますけどね）。

いったんあきらめるのも作戦のうち

『強育論』（ディスカヴァー刊）で「あきらめの効用」という話を書きましたが、人間の脳はいくつものことを同時に処理することができます。

だから、試験のときにも、たとえば2の(2)を解いているときに、1の(2)も頭のどこかで解いているのです。

2の(2)をいったんあきらめて、3の(1)を解いているときには、同時に1の(2)も2の(2)も頭のどこかで解いています。だから、**行き詰まったらいったんあきらめるのは、極めて有効な作戦**なのです。

[1]の(1)から解きはじめて、[1]の(2)で大苦戦して止まっているときには、[2]も[3]も見ていませんから、時間をとても無駄に使っていることになります。

合格に導く解き方の作法

話を「思考力アップ」に戻します。

私は、「(1)は絶対に間違えるな！」ということを繰り返し言っています。

[1]の場合は、(1)と(2)は連動していませんが、[2]の場合、(1)の答えを利用して(2)を解きますから、(1)が不正解だと、(2)は何をどうしても正解できません。さらに(3)に進んでも絶対に正解できません。すべてが無駄になるのです。

だから、**どんなに簡単な問題でも、必ずその場ですぐに見直しをして、絶対にミスをしない習慣を身につける必要があります。**

もう1つ大切なことは、解き方を書くということです。

小6の9月までは、どんなに汚いノートでも許しますが、最後の4か月は解き方を書かせます。

答えが合っていても解き方がでたらめだと、点数を5割引きにします。本番でも同様の措置が取られる場合がありますし、逆に、答えが間違っていても、部分点がもらえる場合もあります。

でも、解き方を書く最大の効用は、**問題用紙の余白にごちゃごちゃと書いた図や表を解答用紙に整理するときにミスを発見できる**ことにあるのです。

「答えを書くんじゃない！　正解を書け！」と、ここでも自分の出した答えに責任を持たせています。

次のページから、思考力アップ問題のバリエーションを5題入れていますので、こちらもやらせてみてください。

最後の悪あがき だめ押しの思考力アップ❶

下の図のような16個のマスに、1～16までの整数を1回ずつ入れます。このとき、たて、横、ななめに1列にならぶ4個の数の和がどこも等しくなっていなければなりません。

これについて、次の問いに答えなさい。

(1) アとイの和はいくつですか。
(2) アとウの差はいくつですか。
(3) 解答らんの空いたところをすべてうめなさい。

	14	ア	8
15	ウ	イ	10
6		16	
	7	2	

2でも3でもわり切れない数を小さい順に並べると、1,5,7,11,13,17,19,23,25,29,31,35,37,41,43,47,……となります。これをある規則にしたがって、下の表のように並べました。表の（3列、4段）の数は41です。これについて、次の問いに答えなさい。

⑴ 2でも3でもわり切れない数のうち、小さい方から25番目の数はいくつですか。
⑵ ⑴の数は表の（何列、何段）の数ですか。
⑶ 637は表の（何列、何段）の数ですか。

	1列	2列	3列	4列	
1段	1	5	13	29	・
2段	11	7	17	31	・
3段	25	23	19	35	・
4段	47	43	41	37	・
	・	・	・	・	・

最後の悪あがき だめ押しの思考力アップ❸

1辺の長さが1㎝の立方体をある規則にしたがって、次のように積み重ねていきます。
これについて、次の問いに答えなさい。

(1) 10番目の図形の体積と表面積をそれぞれ求めなさい。
(2) 10番目の図形全体の表面を赤くぬったあとばらばらにすると、5つの面が赤い立方体、4つの面が赤い立方体、3つの面が赤い立方体、2つの面が赤い立方体、1つの面が赤い立方体、どの面も赤くない立方体はそれぞれ何個できますか。

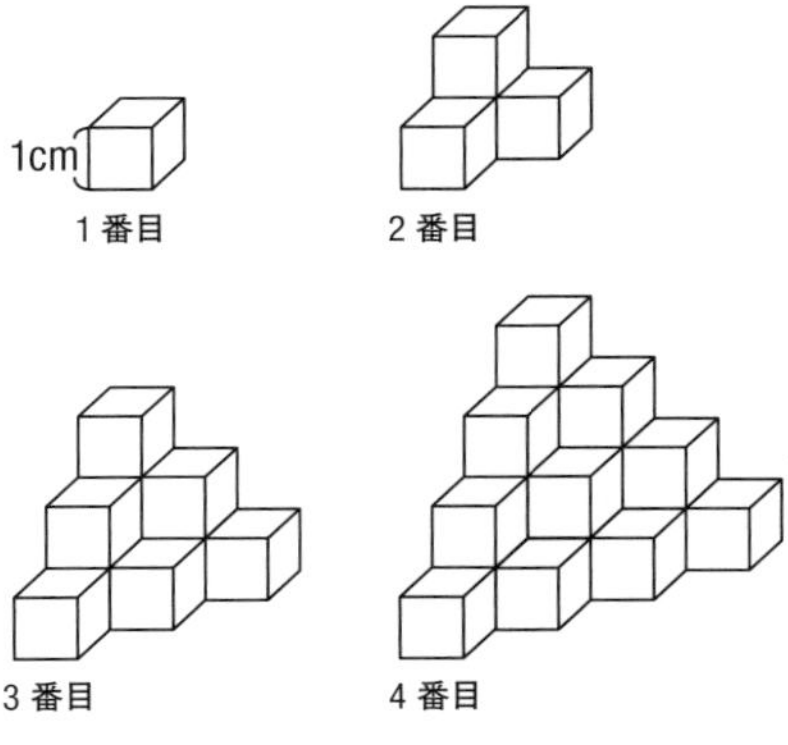

最後の悪あがき だめ押しの思考力アップ❹

図１の長方形を何枚か組み合わせて
１つの図形を作ります。
これについて、次の問いに答えなさい。
（ただし、図は正確ではありません。）

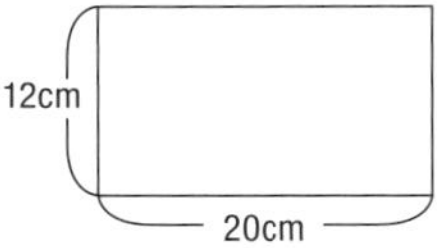

（図1）

(1) 図２のように、２枚の長方形を組み合わせると、図形全体のまわりの長さは82㎝でした。長方形が重なった部分の面積は何㎠ですか。

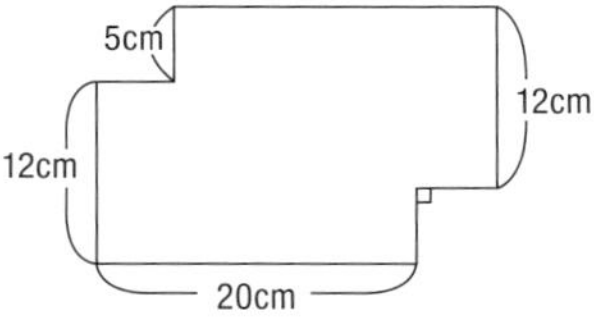

（図2）

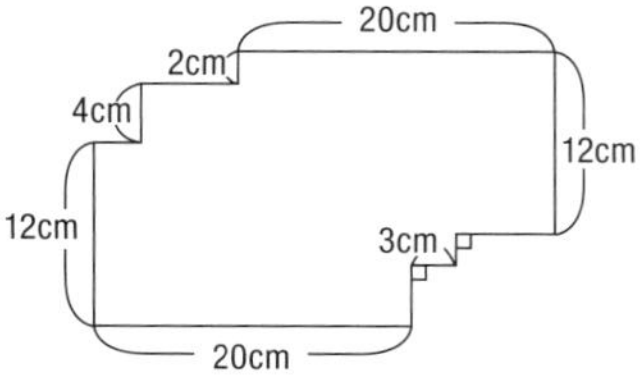

（図3）

(2) 図３のように、３枚の長方形を組み合わせると、図形全体のまわりの長さは92㎝でした。長方形が２枚だけ重なった部分の面積の合計は何㎠ですか。

(3) 図４のように、３枚の長方形を組み合わせると、図形全体のまわりの長さは100㎝でした。この図形全体の面積は何㎠ですか。

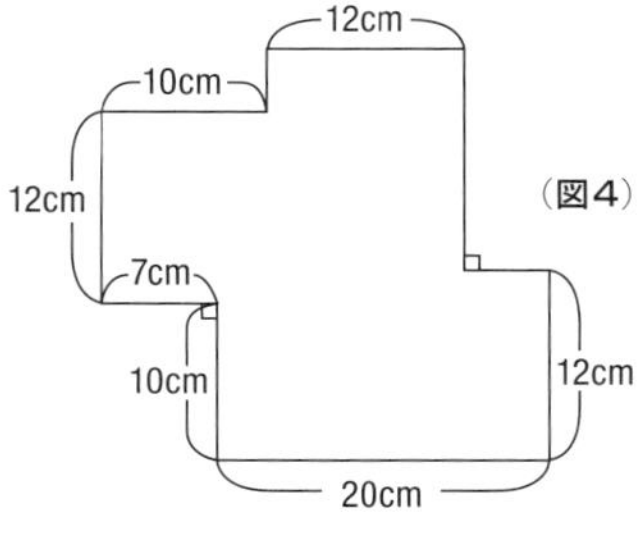

（図4）

最後の悪あがき だめ押しの思考力アップ❺

A,B,C,Dの4人が生徒会の会長と副会長を選ぶ選挙に立候補しました。次のことをもとにして、あとの問いに答えなさい。

・4人の名前は、山本君、山下君、山口君、山岡君のどれかである。(同じ名前の人はいない。)
・4人は、1組、2組、3組、4組のどこかの代表である。(同じ組の人はいない。)
・このときの有効投票数は170票だった。
・得票数の最も多い人が会長、2番目に多い人が副会長に選ばれ、あとの2人は落選となる。また、開票後の4人の談話は次のとおり。ただし、4人の発言はすべて本当で、自分のことを他人のことのように言っている人はいない。
A「3組の山口君は、トップと5票差だったんだって。」
B「2組の人に25票の差をつけて、ぼくがトップ当選だったんだ。」
C「山本君と4組の山下君の得票数の合計が、ぼくの得票数と同じだったんだ。」
D「ぼくはビリじゃなかったよ。」

(1) 会長と副会長の名前をそれぞれ答えなさい。
(2) 会長に選ばれた人の得票数は何票でしたか。
(3) 3位と4位だった人の名前、組、得票数をそれぞれ答えなさい。

最後のラストスパート問題

最後のラストスパートは、こちらの子どもたちが解いたことがない、他の地方の中学校の入試問題をそのままやらせます。

ただし、最初に計算問題が1題か2題入っているものを選びます。計算ミスはもちろん巨大マイナスです。計算問題が1題のときは、最初からマイナス100ポイントくらいにします。

それでも、ごくたまに間違える子がいます。たいていは一度で懲りて、二度と間違えません。

小6の2学期以降になると、算数の学力はもう伸びません。

あとは、**ミスをしないようにプレッシャーをかけつづけ、学力に見合う得点がいつでも取れるように訓練するだけ**です。

小6の後半になると、順位表は前のページのようになります。

丑が2段になると名前がカタカナに、3段になるとひらがなになります。とてもかっこ悪いです。

でも、この時期に辞めた子どもは一人もいません。

1	石川	正正正正正正正正正正正正正正正正正正正正正正正正正正正正正正正 正正正正正正正正正正正正正正正正正正正正正正正正正正正正正正正 正正正正正正正正正正正正正正正正正正正正正正正正正正正正正正正 正正正正正
2	山岡	正正正正正正正正正正正正正正正正正正正正正正正正正正正正正正正 正正正正正正正正正正正正正正正正正正正正正正正正正正正正正正正 正正正正正正正正正正正正正正正正正正正正正正正正正正正
3	玉田	正正正正正正正正正正正正正正正正正正正正正正正正正正正正正正正 正正正正正正正正正正正正正正下
4	山部	正正正正正正正正正正正正正正正正正正正正正正正正正正正正
5	星川	正正正正正正正正正正正正正正正正正正正止
6	神田	玊玊玊玊
7	上島	丑丑丑丑丑丑丑丑丑丑丑丑丑丑⊥
8	村瀬	丑丑丑丑丑丑丑丑丑丑丑丑丑丑丑丑丑丑丑丑丑丑丑丑丑丑丑丑丑丑_
9	クスダ	丑丑丑丑丑丑丑丑丑丑丑丑丑丑丑丑丑丑丑丑丑丑丑丑丑丑丑丑丑丑丑 丑丑丑丑丑丑丑丑丑丑丑丑丑丑丑丑丑丑丑丑丑丑丑⊥
10	しまもと	丑丑丑丑丑丑丑丑丑丑丑丑丑丑丑丑丑丑丑丑丑丑丑丑丑丑丑丑丑丑丑 丑丑丑丑丑丑丑丑丑丑丑丑丑丑丑丑丑丑丑丑丑丑丑丑丑丑丑丑丑丑丑 丑丑丑丑丑丑丑丑丑丑丑丑丑丑丑丑丑⊥

3 A,B,C,D,Eの５つの地区にそれぞれ５人、15人、25人、35人、45人の会員がいる団体があります。この団体の125人でプッシュ氏とクリン氏の2人の候補者のうちから、１人のリーダーを決める選挙をします。リーダーの決め方は、総得票数で決めるのではなく、次のような方法をとります。各地区ごとに選挙をし、その地区で１票でも多く票を得た候補者がその地区の会員数と同じだけの得点を得ます。そのとき、もう１人の候補者は０点とします。そして、すべての地区の得点を合計し、その得点の多かった方の候補者を当選とします。
ただし、すべての会員は必ず2人のうちどちらかの候補者に投票します。例えば、得票の結果が次の表のようになった場合は、総得票数ではプッシュ氏の方が多くなりますが、得点ではクリン氏が多くなるので、クリン氏の当選ということになります。

		A	B	C	D	E	計
プッシュ	得票	2	11	11	20	21	65
	得点	0	15	0	35	0	50
クリン	得票	3	4	14	15	24	60
	得点	5	0	25	0	45	75

(1) ２つの地区の会員数の和が残りの３つの地区の会員数の和より多くなる場合の２つの地区はどことどこですか、あるだけ書きなさい。
(　　　　　　　　　　　　　　)

(2) 当選できる場合で総得票数が最も少なくなるのは何票ですか。(　　　　票)

(3) 総得票数が何票あれば、必ず当選できると言えますか。
(　　　　票)

ラストスパート！❶ ミスをするな！

（高槻中学校、平成5年、一部改題）

1 次の計算をしなさい。

(1) $10.4 - \left\{ (3.1 - 0.3) \div 0.175 - 14 \times 0.8 \right\} \times \frac{5}{6} = (\qquad)$

(2) $3\frac{4}{27} \div 2\frac{5}{6} - \left(2\frac{5}{8} - 1\frac{11}{12} \right) \times 1\frac{1}{3} = (\qquad)$

2 なおしげ君、せいや君、えいたろう君、よしゆき君は、それぞれ奇数の記入されたカードを持っています。なおしげ君とせいや君のカードには、2けたの奇数が、えいたろう君とよしゆき君のカードには1けたの奇数が記入されています。次のことがわかっているとき、4人のカードには、どんな奇数が記入されているか答えなさい。

なおしげ君（　　　　）　せいや君（　　　　）
えいたろう君（　　　　）　よしゆき君（　　　　）

・せいや君のカードの数は、えいたろう君のカードの数でわり切れて商は2けたの整数となり、その商の十の位の数字はえいたろう君のカードの数となり、一の位の数字は、よしゆき君のカードの数となる。
・えいたろう君のカードの数は、よしゆき君のカードの数より大きい。
・なおしげ君のカードの数の十の位の数字は、よしゆき君のカードの数と等しく、一の位の数字は、せいや君のカードの十の位の数字と等しい。

5 次の図で、 三角形ABCと三角形AFEは正三角形で、AF=21cm、AH=18cmとします。内側の4つの円の半径は等しく、図のようになっているとき、次のものを求めなさい。円周率は3.14とします。

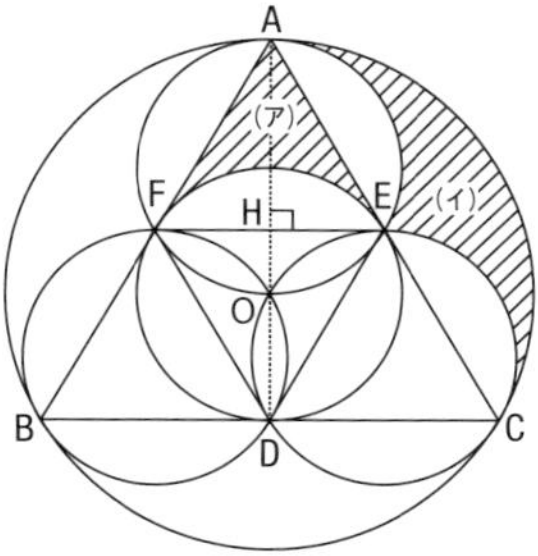

(1) AOの長さとODの長さの比

AO:OD=（　　　:　　　）

(2) 斜線部分アの面積　　（　　　cm^2）

(3) 斜線部分イの面積　　（　　　cm^2）

ラストスパート！❶ミスをするな！

4 右の図は、3辺の長さが3㎝、4㎝、10㎝の直方体を半分に切ったものです。この立体を3点B,C,Hを通る平面と、3点D,I,Jを通る平面で切って3つの立体を作ります。ただし、AH=EI=FJとします。

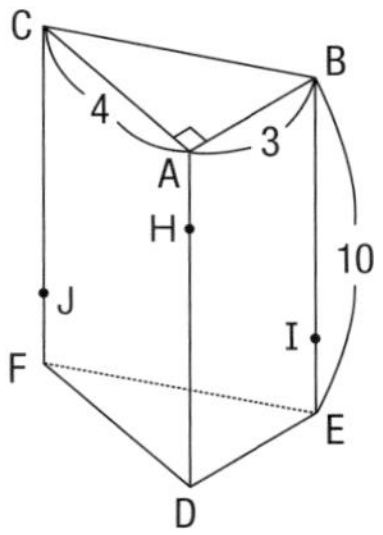

(1) AH＝2㎝のとき、3つの立体のうち体積が最大になるものの体積を求めなさい。

(　　　　　　㎤)

(2) 3つの立体のうち、点Aと点Eも含まないものの体積が他の2つの立体の体積の和の3倍になるときAHの長さを求めなさい。

(　　　　　　㎝)

てこの２つの部分の面積が等しくなるのは、出発してから
[ ] 分 [ ] 秒後です。

2 図のように、半径２cmの円を、７個の半径１cmの円でおおいました。このとき、次の面積を求めなさい。
ただし、円周率は3.14、１辺の長さが１cmの正三角形の面積は0.43㎠として計算しなさい。

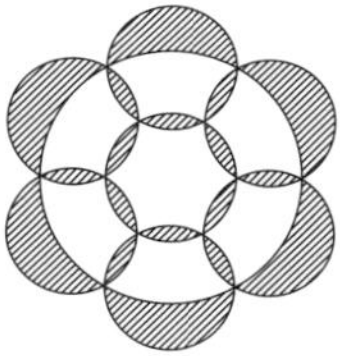

(1) しゃ線部分の面積は [ ] cm^2 です。
(2) 半径２cmの円の外側のしゃ線部分の面積は [ ] ㎠です。

3 ある川に、１週間前ア、イ２本のくいを打ちこみました。川の深さは毎日変わるものとして次の問いに答えなさい。
(1) 今日、アのくいは、水面から50cm出ていて、水面から下の部分の $\frac{4}{7}$ は川底に打ちこまれています。川底に打ちこまれているくいの長さと、川の深さの差が20cmであるとき、くいアの長さは [ ] cmです。
(2) アのくいを川底に打ちこんだとき、ハンマーで４回打ちました。くいが川底に入っていく長さはその前に入った長さの $\frac{1}{3}$ ずつだとすると、１回目には [ ] cm入ったことになります。
(3) きのうは、アのくいとイのくいの水面から出ている部分の長さの比は８：５でした。打ちこんだ日の水の深さは、きのうより40cm浅く、アのくいとイのくいの水面から出ている部分の長さの比は16：13でした。きのう、イのくいは、水面から [ ] cm出ていました。

ラストスパート！❷ミスをするな！

（大阪星光学院中学校、平成7年）

1 次の問いに答えなさい。

(1) $\left(2\frac{2}{9}-1\frac{1}{3}\right)\div\left(2\frac{1}{3}\div\square+\frac{2}{5}\right)\times\left(\frac{5}{14}+\frac{3}{14}\times2\frac{1}{3}\right)=\frac{4}{7}$

(2) $\left(2+\frac{\boxed{\text{(ア)}}}{16}\right)\times\left(\boxed{\text{(イ)}}+\frac{11}{15}\right)=9\frac{1}{10}$ が成り立つように、$\square$に整数を入れなさい。ただし、$\frac{\boxed{\text{(ア)}}}{16}$ はこれ以上約分できない分数で、しかも真分数である。

(3) 何人かで石油1㎥を買い、これを平等に分けたところ、1人あたり小数第1位で四捨五入して17ℓとなりました。このとき、いっしょに買った人数は$\square$人です。
(考えられる人数をすべて書きなさい)

(4) 図のように、1辺5㎝の正方形の紙が2枚重なっています。点Aが一方の正方形の対角線の交点とするとき、2つの正方形の重なった部分の面積は$\square$㎠です。

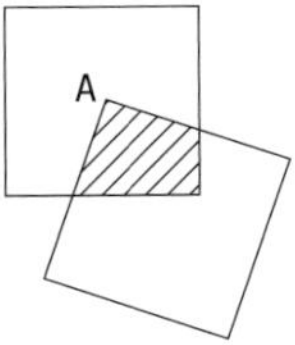

(5) 図の四角形は、AB=4m, BC=9m, AD=6mで、ADとBCが平行な台形です。2点PとQは頂点Bを同時に出発して、点Pは毎秒3㎝の速さでB→A→Dと進み、点Qは毎秒2㎝の速さでB→C→Dと進みます。線分PQによって台形ABCDを2つの部分に分けるとき、初め

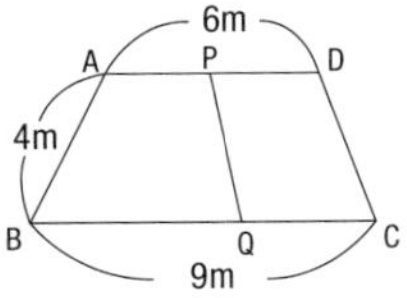

6 図のような３つのジョギングコースA,B,Cがあります。各コースの距離は、Aは１㎞、Bは２㎞、Cは３㎞です。A,B,Cを何回か組み合わせてジョギングコースを作ります（使わないコースがあってもよい）。コースの組み合わせや順序をかえるといろいろなジョギングコースができます。各コースは矢印の向きに走り、点Pをスタート地点、ゴール地点とします。

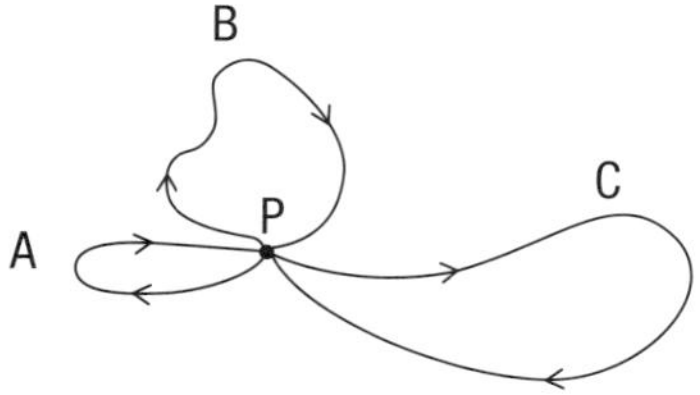

(1) ５㎞のコースが何通りあるかを求めるのに、次のように考えました。

① ２㎞はいろいろなコースで走り、最後にコースCを走る方法は□通りあります。

② ３㎞はいろいろなコースで走り、最後にコースBを走る方法は□通りあります。

③ ４㎞はいろいろなコースで走り、最後にコースAを走る方法は□通りあります。

このようにして求めると、５㎞のコースは□通りあります。

(2) ８㎞のコースは□通りあります。

4 ある団体の人数は、100より大きく150以下の10の倍数です。この中から何人かの班長を選び、残りの団員を各班の人数が等しくなるように班分けしたところ、7人の団員が余ってしまいました。またこのとき、班長の数より1班あたりの班員の数（班長を含む）の方が多くなりました。この分け方で班長は何人になりますか、求め方と答えを書きなさい。

5 図のように、横が20㎝、高さの等しい直方体A,Bについて、この2つの直方体を重ねて作った容器ア、イに、毎分1.2ℓの割合で水を入れていきました。最初の3分間までは、イの方がアより毎分$\frac{4}{3}$㎝の割合で早く水位が上がりましたが、次の2分間は水位の差に変化はなく、その後水位の差は縮まりました。このとき、次の問いに答えなさい。

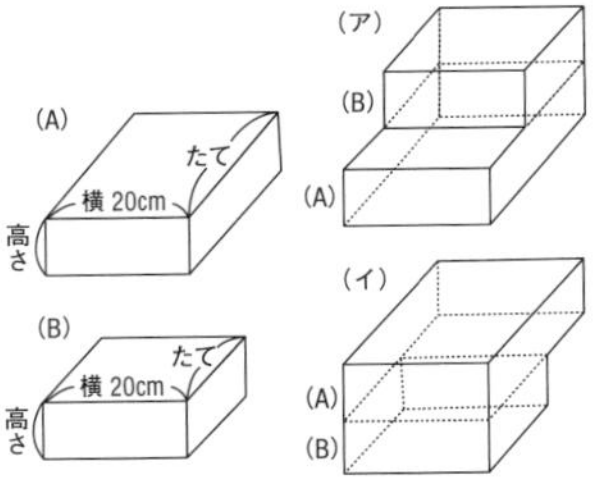

(1) 容器アの容積は［　　　］ℓです。

(2) 直方体Aのたての長さは何㎝ですか。求め方と答えを書きなさい。

3 右のような図形を直線ℓのまわりに１回転させてできる立体の表面積を求めなさい。

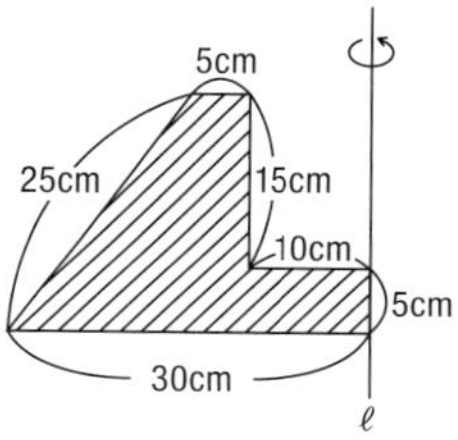

4 A,Bの２人が次のような競技を行いました。「同時に出発して、初めに水泳３㎞、次に自転車走170㎞、最後にマラソン42㎞（21㎞折り返し）を続けて行う。」
Bの泳ぐ速さは毎分45mで、AはBよりも４分10秒早く泳ぎ終えました。

(1) Aの泳ぐ速さは毎分何mですか。

自転車走では、Aは毎分600mで走りましたが、自転車走に入って10㎞の地点でBに追いぬかれました。

(2) Bの自転車走の速さは毎分何mですか。

マラソンでは、Bは折り返し点をすぎて３㎞の地点でAとすれちがいました。その後、BはAに追いぬかれ、Aがゴールしたとき、ゴールより２㎞手前の地点にいました。

(3) Bのマラソンの速さは毎分何mですか。

ラストスパート！❸ ミスをするな！

（洛星中学校、平成７年）
（注）円周率は3.14とします。

1 (1) $\left(1\frac{5}{6}-\frac{3}{8}\right)\times4\frac{2}{7}-1.35\div\left(2\frac{1}{5}-1\frac{3}{4}\right)$

を計算しなさい。

(2) ４％の食塩水500gがあります。これに食塩を何g加えると７％の食塩水になりますか。（小数第２位を四捨五入して答えなさい。）

2 (1) 257をxで割ると５余り、220をxで割ると４余ります。このような整数xをすべて求めなさい。

(2) A町からB市を通りC駅へ向かうバス路線があります。各区間の料金は右図の通りです。あるバスに乗っていた人数はA町からB市までは29人、B市からC駅までは36人でした。また、料金の合計は9190円でした。B市から乗り、C駅で降りた人数を求めなさい。

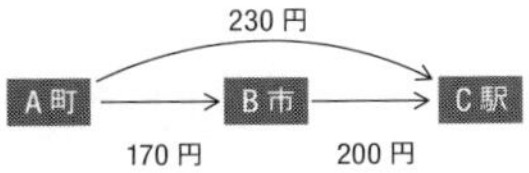

(3) 右の図の（三角形ABCの面積）：（三角形ACDの面積）：（三角形ADEの面積）の比を求めなさい。

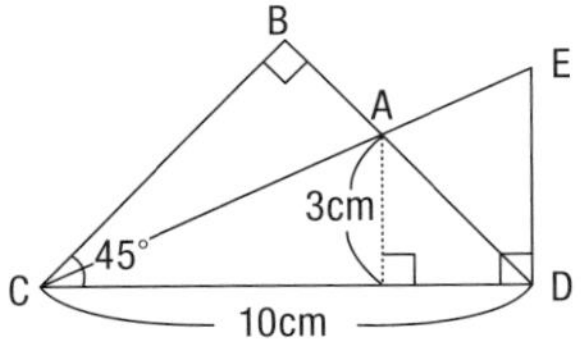

6 次の図のように、半径２㎝の円柱A,Bがあり、Aのまわりにテープが巻いてあります。これを、１分あたりに巻きとられるテープの体積が一定になるようにして、Bに巻きとっていきました。
巻きとりはじめてから６分後、A,Bのまわりのテープの厚さはそれぞれ３㎝、２㎝でした。ただし、テープの幅は一定で、直線部分（AとBのまわりに巻きとられていない部分）のテープの体積は考えないものとします。

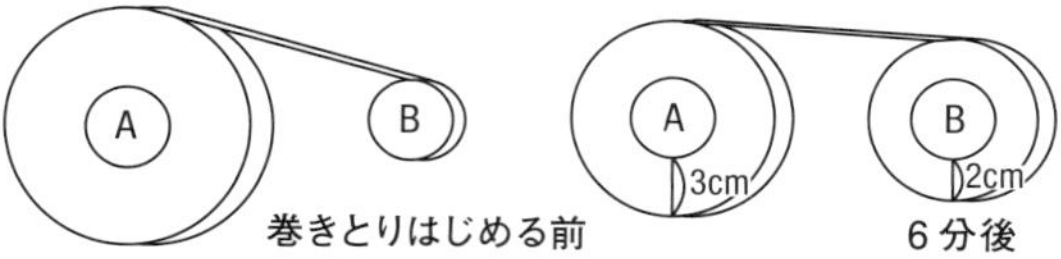

(1) すべてのテープがBに巻きとられるのは、巻きとりはじめてから何分何秒後ですか。
(2) A,Bの１分あたりの回転数の比が２：１になるのは、巻きとりはじめてから何分何秒後ですか。

ラストスパート！❸ミスをするな！

5 1辺2㎝の立方体をま横に5㎝移動してできる立体は、たて2㎝、横7㎝、高さ2㎝の直方体です。（図①）
底面が1辺8㎝の正方形、高さが12㎝の四角すい（図②）をま横に4㎝移動してできる立体の体積を求めなさい。

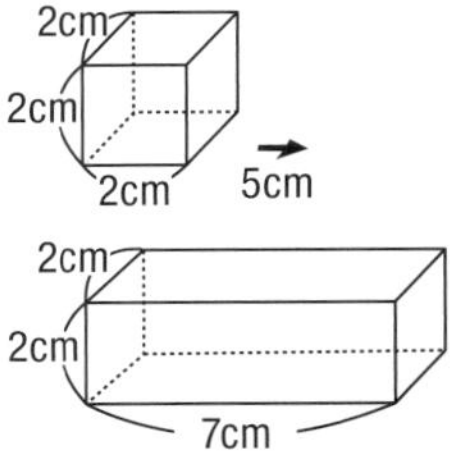

図①

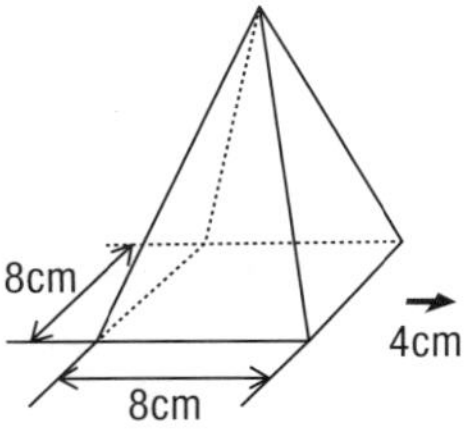

図②

POINT

① 子どもたちに入試を意識させるのは、最後の4か月間だけで十分です。

② 入試直前にショックを与え緊張感を高めることで、入試本番で萎縮することがなくなります。

③ 模試の判定は、参考程度かそれ以下だと思ったほうがいいでしょう。

④ 中学入試は、ミスさえしなければ合格できます。

第4章

国語はパズルで克服する

小学6年生の国語の授業

私の教室では、算数の授業のあと、選択制で国語の授業もやっています（小6のみ）。算数の授業を2・5時間やったあと、国語の授業を1・5時間やります。この場合も、休憩時間は1秒もありません。

4時間ぶっ通しの授業って想像できますか？

長そうと思われるかもしれませんが、「今日もあっという間だったなあ」と毎週、自分でも驚いています。

なぜ国語なのかというと、はじめの頃は、算数だけの授業でしたが、そのときの小6の子どもたちを見ていて、「国語は大丈夫なんだろうか？」という疑問が浮かんだことがあったのです。

それで、**試しに国語の授業をやってみると、算数とはまるで違った結果が出ました。**

当時の1期生は男子2人、女子1人でした。

女子のAは、算数、国語ともによくできましたので、どこを受けても大丈夫だろうと思いました。

男子のBは、もともとは慶応志望でしたが、算数ができるので、駒東にしようということになっていました。ところが、国語がまったくダメで壊滅状態でした。

男子のCは、算数はぱっとしませんでしたが、国語が安定してできましたので、栄光は受かるだろうと思いました。

結果、Aはフェリス、慶応湘南藤沢、学芸大世田谷と3連勝しました。うちの子の場合、この合格パターンだと迷わずフェリスに行くのですが、勉強嫌いのAは慶応を選びました。

Cは麻布、栄光、筑駒と受け、予想どおり1勝2敗で栄光に進学しました。

問題はBです。待てど暮らせど、連絡がありません。結局、1日から連戦連敗し、どこにも決まらないまま2月10日を過ぎました。でも、最後の最後に第一志望の慶応中等部に受かったのです。

私は「**算数だけでは、子どもの適性を見抜くのは不可能だ**」とこの学年で学習しましたので、2期生からは、小6になると国語も見るようになりました。

国語は論理的にやればいい

授業では、入試問題をそのまま使います。

出題形式は学校によってまちまちですが、大問が2、3題出る学校の問題はそのうちの1題を30分くらいで、大問が1題だけの学校の問題は45分くらいで解かせます。

最初の頃は、問題用紙、設問用紙、解答用紙を同時に配ってやらせていました。

Bの解き方は、問題文を読み、空欄や傍線が出てくると設問を読み、その場その場で解答用紙を埋めるというやり方でした。

そのため、「全体をよく読んで」という設問にはまるで対応できていなかったので、「これじゃ、だめだな」と思い、問題用紙だけを配って**最初の10〜15分間は文章を熟読させる**ようにしました。

国語の授業では、辞書の使用を許可しています。「意味を調べ、内容を正確に把握せよ。書き取りは1つも間違えるな！」と要求します。書き取りを間違えるとポイントを引きます。

「空欄があれば自分の言葉、文章で埋めよ。傍線があればどのような設問か予測せよ」とも要求します。

国語の場合は、予想を覆すような設問というのは、まずありません。

あらかじめセットした時間にタイマーが鳴ると、隣どうしで解答用紙を交換させます。私が文章を読みながら、さまざまな質問を子どもたちに発します。

選択問題の場合は、正解から遠い順に消していきます。**消去法で対応すれば、選択問題**

は絶対に間違えません。

たとえば、ア〜オの5つの選択肢から1つを選ぶ場合は、

・まず、本文の内容とまったく関係ないものを消す

・本文の内容と逆の選択肢を消す

これだけで3つは消えるはずです。

残りの2つの見分け方はこうです。

「〜で、〜だから」という構造の文章の前半か後半に間違えた内容が入っているものを消します。残った1つの選択肢は、どんなにつまらない内容であっても正解になります。

つまり、**算数の問題を解くときと同じように、論理的にやればいい**のです。

本文を全部読み、書き取り、抜き出し、選択肢の問題の採点が終わると答案を回収しま

す。

記述問題は、全員の答案を読み上げます。中には、頭がおかしいとしか思えない答案もあります。そういう答案を読み上げたあとはみんなで爆笑します。

読み上げた時点では、誰の答案かはわかりませんが、みんなが大笑いしている中で、一人だけ赤くなっている子がその答案の持ち主です。

いじめのような授業ですが、これはとても大切なことなのです。**国語のできない子は、何も考えずに答案を埋めているだけで、自分の書いた文章を読み返すことはまずない**のですから。

国語は推理パズルと同じ

普通のテストだと、答案が返されるのは1週間後です。そのときには何を書いたかさえ覚えていないので、「ここの部分がこのように違う。こう書くべきだ」という懇切丁寧な添削をしてもらっても、はっきり言って何の意味もありません。

その場でみんなに大笑いされるほうがはるかに効果的なのです。

また、いろいろな子の答案を聞いていると、「確かにさっきのより、こっちの文章のほうがいいな」という感触がつかめるようになります。

私が考える国語のポイントは、たった2つです。

① 間違えた選択肢を選ばない

② 人に笑われるようなことは書かない

それにしても、国語の入試問題を解いていて感じることは、「これは算数と同じだ」ということです。

「麻布の国語は、精神が幼い子には解けない」とよく言われますが、まったくそんなことはありません。**どんなに悲しい物語文もすべて記号化してしまえば、推理パズルと同じなのです。**

推理パズルで国語を鍛える

国語の授業形式は、はじめのうちは1回の授業で2題やりますが、ある時期からは1題に減らし、推理パズルをやります。

その目的は以下の3つです。

① 文章を熟読させる

② 消去法で間違いをつぶす習慣を身につける

③ 見直しを確実にやる

推理パズルは、授業の後半に4枚くらいを1セットにしてやります。プリントを裏返しにして、一人ひとりに配ります。

「10秒前!……5秒前……はじめ!」で、一斉に解きはじめます。

ルールは、小3の算数パズルと同じですが、ポイントの減点を厳しくします。1問正解につき1ポイント加算という点は同じですが、1回間違えると5ポイント引きます。同じ問題で2回間違えると、2回目は25ポイント、3回目は125ポイント引きます。

子どもたちは、絶対に正解だという確信が持てるまで見直しをし、それでもどきどきしながら手を挙げます。

「正解!」と言われるとほっとして次に進み、「ボッ!」と言われると全員が緊張します。

1回「ボッ!」と言われると、2回目に手を挙げるのはとても勇気が要ります。

また、文章を読んで大声で笑われるとマイナス10ポイントにします。これは、いかにして緊張感を持続させるかという技の1つでもあります。

推理パズル 01

次の文章をよく読んで解答らんをうめなさい。

A、B、C、Dの家のそばには、雑誌や新聞や裁判でよく取り上げられる有名な研究所があり、そこには4人のものすごい科学者(松戸博士、才円巣博士、久津下博士、パン津博士)がいる。4人の最近の発明品(タイムマシン、増殖ポケット、強力睡眠薬、ハイパワードリンク)は発売(1000円、1500円、2000円、2500円)されると、すぐに大センセーショナルを巻き起こし、研究所は1日にして取り壊された。
さて、誰が何を買ったのかな?

A 「ぼくは、増殖ポケットは買わなかったよ。だって、説明書に『ビスケットを入れて強くたたいてください。驚くべきことが起こります』って書いてあるんだよ。想像つくよね。さすがはパン津博士だよね。ぼくのは、Bのより500円安いよ」
B 「ぼくは、松戸博士の強力睡眠薬は買わなかったよ。だって、説明書に『死ぬほど眠れますが、死んでも知りません』って書いてあるんだよ。よく2000円も出すよね。1000円のハイパワードリンクだって、ぼくは買わないね」
C 「久津下博士のタイムマシンって段ボール製で、中に10分間入ってから外に出ると、『10分たちました』って表示が出るだけなんだって。説明書の端にも、小さく『このタイムマシンは時計と同じ速さで未来にのみ進みます。また、読書室としても使えます』って書いてあるんだって。買ったヤツに同情するよ」
D 「だまされたと思って、1500円のを買ったんだけど、いやあ、すごかったね。みごとにだまされたよ。タイムマシンはぼくじゃないよ」

名前	発明者	発明品	価 格
A	博士		円
B	博士		円
C	博士		円
D	博士		円

推理パズル 02

次の文章をよく読んで解答らんをうめなさい。

4人の天才科学者、松戸博士、才円巣博士、久津下博士、パン津博士は、21世紀には深刻な病（水虫、おねしょ、寝言、バカ）の特効薬を開発した。

開発された年は、2001年、2003年、2006年、2008年で、薬の名前は、キクー16、ナオルー21、ゲンキー33、バイバイ64。

- 寝言の特効薬が開発されたあとに、パン津博士がキクー16の開発に成功。
- 松戸博士の特効薬は、水虫の特効薬よりあとに開発された。
- 才円巣博士の特効薬は、バイバイ64が開発された2006年より前に開発された。
- バカの特効薬の開発の5年後に、ゲンキー33が開発された。

名　前	病　名	開発年	薬品名
松戸博士		年	
才円巣博士		年	
久津下博士		年	
パン津博士		年	

推理パズル 03

次の文章をよく読んで解答らんをうめなさい。

A、B、C、Dの4人は、毎度おなじみの天才科学者（松戸博士、才円巣博士、久津下博士、パン津博士）で、またまた新発明品を発表！　今回は薬だ。
頭のよくなる薬、顔のよくなる薬、性格のよくなる薬、気持ちのよくなる薬で、効き目はすごいが、副作用はもっとすごい（身長が半分になる、体重が2倍になる、知能指数が半分になる、寿命が半分になる）。発売予定は、来年の1月、2月、5月、6月。

- 「気持ちのよくなる薬」が発売されるのは、副作用が「体重が2倍になる」松戸博士の薬よりあとで、才円巣博士の「顔のよくなる薬」より1カ月前だ。
- 「頭のよくなる薬」は、パン津博士の薬より1カ月早く発売される。
- Aの発明した薬は、「頭のよくなる薬」ではなく、Aの薬の副作用は「知能指数が半分になる」ではない。
- Bの薬の発売予定は、副作用が「身長が半分になる」久津下博士の薬より前だ。
- Bは、パン津博士ではない。
- Cは、才円巣博士でも久津下博士でもない。
- Dが発明したのは、「頭のよくなる薬」ではなく、Dの薬の副作用は「寿命が半分になる」ではない。Dの薬の発売予定は、6月ではない。

	名前	発明した薬	副作用	発売
A	博士	のよくなる薬	になる	月
B	博士	のよくなる薬	になる	月
C	博士	のよくなる薬	になる	月
D	博士	のよくなる薬	になる	月

推理パズル 04

次の文章をよく読んで解答らんをうめなさい。

A、B、C、Dの4人は、毎度おなじみの天才科学者で、名前は松戸博士、才円巣博士、久津下博士、パン津博士で、またまた新発明品を発売！（笑うカボチャ、歌うキャベツ、踊るピーマン、走るダイコン）
発売されたのは、去年の4月、6月、9月、11月。値段は、3000円、6000円、9000円、12000円。現在までの売り上げ個数は、10個、30個、50個、150個で、苦情件数は、100件、200件、500件、1000件。

・ 才円巣博士の「踊るピーマン」とBの発明品には、それぞれ販売個数の10倍の苦情が来た。
・ 松戸博士の「歌うキャベツ」は、「笑うカボチャ」の2ヵ月後に発売され、値段は11月に発売されて150個売れている久津下博士の発明品の2倍。
・ Aの発明品は、販売個数、苦情の数ともにパン津博士の「笑うカボチャ」を上回っている。
・ Bの発明品の苦情の数は、値段が6000円で、6月に発売された発明品の半分。
・ Cの発明品は、「走るダイコン」の2カ月前に、「歌うキャベツ」の2倍の値段で発売され、パン津博士の発明品の5倍の苦情が来ている。
・ Dの発明品は、「歌うキャベツ」と比べると、販売数、苦情の数ともに5倍だ。

	名前	発明品	月	値段	個数	苦情
A	博士		月	円	個	件
B	博士		月	円	個	件
C	博士		月	円	個	件
D	博士		月	円	個	件

推理パズル 05

次の文章をよく読んで解答らんをうめなさい。

荘田ヶ谷市には5つの駅（荘田ヶ谷、新荘田ヶ谷、南荘田ヶ谷、荘田ヶ谷中央、荘田ヶ谷北）があり、どの駅前にもスーパーマーケット（カエー、カワンカー、ヤスイ堂、ホンマヤ堂、シバク堂）が1軒ずつあり、建物の高さは2階建て、3階建て、4階建て、5階建て、8階建てで、開店したのは1978年、1980年、1985年、1987年、1989年。

・1980年には、市内には5階建て以上の建物はなかった。
・1985年には、荘田ヶ谷中央駅前にはスーパーマーケットはなかった。
・新荘田ヶ谷のスーパーマーケットが一番古いが、カエーではない。
・荘田ヶ谷北にあるヤスイ堂は4階建てではない。
・1987年に開店した2階建ての店はカワンカーではない。
・ホンマヤ堂が開店した2年後に、南荘田ヶ谷に8階建ての店ができた。
・シバク堂は5階建てである。

駅　名	スーパー名	階　数	開店年
荘田ヶ谷		階建	19　　年
新荘田ヶ谷		階建	19　　年
南荘田ヶ谷		階建	19　　年
荘田ヶ谷中央		階建	19　　年
荘田ヶ谷北		階建	19　　年

推理パズル 06

次の文章をよく読んで解答らんをうめなさい。

打目田君は、昨日、算数、国語、理科、社会、パズルのテストを受けた。担当の先生は名具利先生、度月先生、場亀先生、四根屋先生、加江礼先生で、1時間目から5時間目までのどこかで行われた。点数は60点、70点、80点、90点、100点。すべて異なる。

- 社会は一番よくも一番悪くもなかった。
- 5時間目は名具利先生のテストだった。
- 100点のテストの次の時間に受けたテストは60点だった。
- 加江礼先生の国語は80点以上だった。
- 1時間目は理科だった。
- 4時間目のテストは70点だった。
- パズルは社会より20点悪かった。
- 場亀先生の教科は90点だった。
- 算数と国語の点数の差は30点だった。
- 度月先生のテストは3時間目ではなかった。

	先生	時間	点数
算数	先生	時間目	点
国語	先生	時間目	点
理科	先生	時間目	点
社会	先生	時間目	点
パズル	先生	時間目	点

推理パズル 07

次の文章をよく読んで解答らんをうめなさい。

古毛田君は時計を４つ（腕時計、置き時計、ハト時計、かけ時計）持っている。４つとも時間をずらしてアラームをセット（5時、5時30分、6時、6時30分）したが、どれも役に立たなかった（原因は「こわれた」「電池切れ」「気づかなかった」「10時に鳴った」）。

４つの時計の入手方法は、「拾った」が2つと「盗んだ」「気がついたらあった」が1つずつ。店で売っている値段は10000円、3000円、1000円、300円。すべて異なる。


「拾ったのは3000円のと300円のやつで、1000円のやつは6時にセットしたんだ。

『盗んだ』のは電池が切れてて、3000円のはそれより早い時刻に、腕時計は遅い時刻にセットしたんだ。

安物のかけ時計が『こわれた』のはしかたないけど、それよりも高いハト時計や、ハト時計より高い腕時計も役に立たないなんてついてないよ。

かけ時計は5時10分で止まっていたから、5時ちょうどにセットしてたら鳴っていたかも。

最後は、置き時計の音で目が覚めたんだけど、なぜか10時。あわてて試験会場に行ったけど、『こんど生まれ変わったらまた来てね』って追い返されてしまった。しくしく」

時　計	セット	原　因	入手方法	値　段
腕時計	時　　分			円
置き時計	時　　分			円
ハト時計	時　　分			円
かけ時計	時　　分			円

推理パズル
08

次の文章をよく読んで解答らんをうめなさい。

尾知田は給料日前で金がない。今日は4人の友達（古毛田、須別田、浜ッ田、駒ッ田）の家（段ボール、マンホール、ドラム缶、空きビン）に食べ物をもらいにいく。

4人の家は東町、西町、南町、北町の1丁目、2丁目、3丁目、4丁目にある。まわった順番も求めなさい。


「さてと、1丁目にあるのは空きビンの家か。よくそんなとこに住むよな。ドラム缶の家は、東町にはないんだったな。

　最初は、3丁目のマンホールの家にしよう。くさくていやだけど、しょうがない。

　古毛田の家は、北町だから最後じゃないな。南町には4丁目はなかったな。西町の次に北町に行こう。

　浜ッ田の家は段ボールだったな。浜ッ田と駒ッ田の家には続けては行かないし、マンホールの家と空きビンの家も続けては行かない。

　最後に、ドラム缶の家に行ってから自分の家に帰ろう。

　ぼくの家？　捨ててあった犬小屋を改造して作ったんだ。屋根もあるんだぞ。エッヘン」

	順　番	町　名	丁　目	家の種類
古毛田	番目	町	丁目	の家
須別田	番目	町	丁目	の家
浜ッ田	番目	町	丁目	の家
駒ッ田	番目	町	丁目	の家

推理パズル 09

次の文章をよく読んで解答らんをうめなさい。

グルメ評論家の野子砂九江代は、新宿、池袋、上野、銀座にある４軒《けん》の食堂（可絵里亭、田巣毛亭、四二亭、下呂羽黄亭）を取材し、４点満点で採点をした。

４軒の食堂の種類は、洋食、中華、和食、料亭のどれかである。すべて異なる。取材した順番も求めなさい。

・洋食の可絵里亭の次に行った上野の店は４点だった。
・１点だった店は料亭だが、店名は下呂羽黄亭ではない。
・四二亭は銀座にあるが、中華ではない。
・２番目に行った和食の店は田巣毛亭ではない。
・最後に行った店より田巣毛亭の方が評価が高かった。
・２点をつけた店は、新宿の店より前に行った。

	場　所	種　類	順　番	評　価
可絵里亭			番目	点
田巣毛亭			番目	点
四二亭			番目	点
下呂羽黄亭			番目	点

1番や2番のような簡単な問題は、そのまま解答欄に答えを書き込めますが、3番や4番のレベルになると、下のような表（グリッドといいます）が必要になります。

子どもたちは、「はじめ！」の合図で、まずこのグリッドを素早くかきます。

3番の問題の場合、次のような手順で解きます。

・Bは、パン津博士ではない。
・Cは、才円巣博士でも久津下博士でもない。

以上の2つのヒントで、×が3つつきます（〇はなかなかつきません）。

	松	才	久	パ	頭	顔	性	気	身	体	知	寿	1	2	5	6
A																
B				×												
C		×	×													
D																

これを根気よく繰り返していけば、正解にたどり着けます。でも、答えが出ても、すぐに手を挙げることはできません。すべての条件に矛盾していないことを確認してから手を挙げます。

例年、この推理パズルは10回くらいやります。**推理パズルをやったあとは、国語の選択問題の正答率が跳ね上がります。**

国語辞典を使った地獄の漢字テスト

9月頃からは、推理パズルのかわりに漢字の書き取りテストをやります。

普通、漢字の書き取りテストをやるときには事前に範囲指定をしますが、私のテストにはそれがありません。範囲指定をすると、いつまでたってもちゃんと漢字を覚えないからです。

それはなぜだかおわかりでしょうか？

漢字の書き取りテストでは、文章があって、その一部、傍線の部分を漢字に直しなさい、という設問になっています。

でも、範囲指定をすると、子どもは傍線の部分しか見ません。つまり、同音異義語の区別がつけられないまま、高得点を取りつづけるのです。

それに、小学校で習う漢字はたかだか1000字ですが、熟語になると1万語以上あります。そんなものを全部暗記するのは非常に困難です。

ですから、**前後の文章から判断してどういう漢字が使われるか考えなければならない**のです。

以上の理由から、私の漢字の書き取りテストには範囲指定がありません。

そのかわり、国語辞典を引いてもいいことにします。

「それなら、全員が１００点を取れる」と思われるかもしれませんが、私は子どもに楽をさせるのが大嫌いなので、このテストにも苛酷なルールを課します。

Ｂ４サイズの問題用紙と解答用紙を裏返しにして、一人ひとりに配ります。

「10秒前！……５秒前……はじめ！」で一斉に解きはじめます。

このテストのタイトルは、「地獄の漢字　できなきゃ落ちろ！」です。問題は１００問で、時間は20分。**１問あたり12秒で解かなければなりません。**

子どもたちは文章を読んだ瞬間、その傍線部の漢字が自力で書けるかどうかを判断しなければなりません。辞書を引く場合には、素早く引き、同音異義語がある場合には辞書のすべての例文を読み、そのうちのどれが当てはまるかを選択する必要があります。

１００点を取った場合、該当者が単独だと20ポイント、複数いれば10ポイントの加算になりますが、100点以外の場合は、間違えた個数の分だけポイントを引きます。

たかが漢字の書き取りテストですが、子どもたちの集中力は半端ではありません。授業中にトイレに行くのは自由ですが、漢字の書き取りテストの時間だけは誰も行かないくらいです。

息継ぎなしで25mを泳ぐようなペースで、辞書を引き、漢字を書きます。この間、子どもたちは猛烈な勢いで漢字を覚えます。

唯一の難点は、字が雑になることですが、入試では×になるような字でも○にしています。

とにかく集中して漢字を覚えさせるのが目的だからです。

入試直前の漢字書き取りテスト

でも、このまま入試に臨むのはまずいので、年明けの授業からルールを変えます。20分で100題を、10分で20題にします。

それなら楽か？

何度でも書きますが、私は子どもに楽をさせるのが大嫌いなんです。

「トメ、ハネ、ハライを完璧にすること。バランスの悪いのも×。心を込めて、祈りを込めて書け！　合ってますように、って祈るんじゃないんだぞ。ちゃんと読んでもらえますように、と祈るんだ。

間違えたら、間違えた個数の2乗かける10倍のポイントを引く。名前も採点対象になる。名前が×になるとマイナス4000ポイントだ！　自分の名前もまともに書けないヤツには受験資格なんてない！」

テストのサイズは同じB４サイズですが、解答欄を大きくしてあります。「はじめ！」の合図で、まず自分の名前をていねいに書きます。毎年、驚かされるのですが、全員が素晴らしく美しい字を書きます。

このテストでは、１００点が何人も出て差がつきません。それではおもしろくないので、漢字の下に画数を書かせます（筆順を知らなければ、正確な画数は判断できません）。漢字が全問正解だと10ポイント、漢字が全問正解で画数も全問正解だと20ポイントを進呈します。

このように、工夫しだいで、無味乾燥な漢字の書き取りテストもスリリングなゲームにすることができるのです。

POINT

① 入試の国語を解くのに、成熟度や感性は関係ありません。

② 入試の国語は推理パズルです。算数同様、論理的に解けばいいのです。

③ 入試直前の国語の授業で、「これは算数だ!」と叫べば、偏差値が30上がります（そういう子もいます）。

④ 漢字の書き取りは、範囲なしでやらせないと意味がありません。

番外編

宮本算数教室流

最後の授業のアジテーション

小6最後の授業は、新小3最初の授業と同じくらい重要です。

いつも以上にプレッシャーをかけまくります。授業の最初から脅しをかけます。

「今日が最後の授業だ。今後、おまえたちがおれの授業を受けることは一生ない。入試に合格したヤツはまた訪ねてきてもいいけど、落ちたヤツは一生来るなよ。今できることを全部やれ！　後悔だけはしないように。では、人生最後のボーナステストだ。計算間違いは1問につきマイナス1000ポイントだ！　死んでも間違えるなよ！

1分前!!……30秒前……20秒前……10秒前！……5秒前！！……はじめ！！！」と、いつもより声を大きくすると緊張感も最高潮に達します。

このとき、彼らの心臓の鼓動音がはっきりと聞こえます。うちの教室には、ゆえあって暖房器具がありません。でも、手のひらに汗をかく子もいます。「はじめ！」の合図で解こうとしても、手が震えてなかなか計算をはじめられない子もいます。

私がめちゃくちゃ煽るので、このときの緊張感は入試本番よりも確実に高いようです。

最後の授業だからといって、手加減はしません。入試よりも難しい問題で子どもたちを苦しめます。

最後のプリントが終わると、10分くらいアジテーションをし、そのあとミニ卒業式をして送り出します。

最後の授業のアジテーション

「入試まであと5日、発表までは7日だ。合格発表で掲示板に自分の受験番号を見つけるまで、絶対に気を抜くなよ。

一番危険な瞬間は、1日の入試のあとだ。門のところにおまえたちの親が迎えに来るはずだ。そして必ずこう聞く。『できた?』

ここで、『うん！　できた！』と答えるヤツには、呪いがふりかかって必ず落ちる。今までそういう言葉を口にして受かったヤツは1人もいない。

だから、絶対に『できた！』と言うな。いいな？　最後におまえたちに大切な言葉を送る。

『一寸の虫にも五□』
□に何が入る？」
「分の魂！」

「バカやろう！　だから、ダメなんだ！

いいか！　勝負の世界に情けは禁物だ！

『一寸の虫にも五寸釘！』――これが正しい。どんなに弱い敵も全力で倒し、必ずとどめを刺すんだ。いいな？

ただし、面接では使うな。『君の好きな言葉は？』『一寸の虫にも五寸釘！』じゃ、絶対に落とされる。だから、面接では使うな。いいな？」

最後に、ミニ卒業式

いよいよ最後に、宮本算数教室の三種の神器を渡します。

1つ目は、卒業認定証です。

最後の授業が終わった時点でポイント総合1位の子どもを前に呼び、卒業認定証の文面を読み上げます。あとは一人ひとりに手渡しします。

卒業認定証

○○一号

岡谷航輔 殿

あなたを宮本算数教室第一期生として認定します。教室で培った不屈の精神力で今後の人生を逞しく生き抜いてください。

平成六年一月二十七日

宮本算数教室

宮本哲也

「これは世界に1枚しかない貴重なものだ。おれが将来、超有名になったら、100万円くらいになるから大切に保管しろよ」

2つ目は、ゴールドみゃあシールです。金色のシール状の紙に印刷されています。これを1人に1枚ずつ配ります。

「使い方を誤ると、呪いがふりかかって全滅するから注意しろよ。まず、学校名は1つしか書いちゃいけない。でも、開成中学絶対合格と書いたシールを栄光に持っていってはいけない。もし、栄光に持っていって誰かに開成中学絶対合格と書いてあるのを見られたら、栄光は落ちる。

使い回しをしたければ、1日は開成と鉛筆で書いて持っていく。帰ってきたら、開成を消して栄光と鉛筆で書いて2日の栄光に持っていく。

栄光から帰ってきたら、栄光を消して、今度はマジックで筑駒合格と書く。できればフルネームで、筑波大学附属駒場中学絶対合格と書く。そのほうが効果があるんだ」

3つめは、教室のネーム入り鉛筆です。

「これは、おれが一晩念を込めた特殊な鉛筆だ。算数の時間にこの鉛筆を使えば、50％はパワーアップする。3つとも失くすんじゃないぞ」

そして、最後のお別れです。

「入試当日は、学校の門のところにいろいろな先生が立っているけど、おれはどこにも行かない。教室からおまえたちに念を送っている。

最後に一人ひとりと握手をしてお別れだ。

合格したら、すぐに電話を入れろよ。喜びは分かち合おう！

落ちたヤツは、かけてこなくていいぞ。悲しみは一人で受け止めろ！」

教室の出口で、一人ひとりに声をかけながら握手をします。

「問題ちゃんと読めよ」

「計算間違えるなよ」

「風邪ひくなよ」

これが、私が子どもたちに送る唯一の追い風です。子どもたちは上気して元気よく帰っていきます。

この効果は、1週間くらい持続します。

最後の最後に、子どもたちにさまざまな暗示をかけますが、こういうことはとても大切です。

新小3の初日から小6の最後の授業までの4年間、緊張感を持続させ、頭を思い切り使

わせ、勢いよく送り出す――それが私のやり方なのです。

POINT

① 小3初日から小6の9月中旬までは無風状態。問題に楽しく取り組めれば、それでいいのです。ただし、自分の出した答えには責任を持たせます。

② 小6の9月下旬からは、猛烈な逆風状態。計算ミスは許さず、点数の取り方、問題の捨て方、答案の書き方を徹底的にマスターさせます。

③ 入試直前に強烈な追い風を送り、合格発表の日まで緊張感を持続させます。

本書は、２００６年に小社より刊行した『「超」強育論』の内容の一部にオリジナル問題を加え、再編集して刊行した『宮本算数教室の授業』のデザインを一新し、『強育論』『「超」強育論』の内容から一部抜粋して採録したものです。

また、本書に収録のパズル・テスト問題の回答は、http://www.d21.co.jp/shop/isbn9784799319420/に掲載しています。

宮本算数教室合格率一覧（受験者263名中）

	開成	麻布	栄光	筑駒	駒東	桜蔭	フェリス
1期生3人（男2,女1）	/	0/1	1/1	0/1	/	/	1/1
2期生12人（男11,女1）	/	2/5	2/10	/	0/3	1/1	/
3期生25人（男20,女5）	2/3	6/6	8/17	1/5	/	2/2	1/1
4期生7人（男5,女2）	2/2	2/2	2/2	1/2	/	0/1	/
5期生18人（男16,女2）	7/7	0/5	6/14	4/4	2/2	1/1	1/1
6期生14人（男11,女3）	4/6	0/1	6/9	2/3	2/2	3/3	/
7期生10人（男10）	5/7	2/3	9/9	3/4	/	/	/
8期生4人（男4）	1/1	3/3	1/2	0/2	/	/	/
9期生10人（男10）	3/4	4/5	6/8	1/5	1/1	/	/
10期生18人（男17,女1）	9/9	4/5	11/15	1/3	/	/	1/1
11期生13人（男12,女1）	4/8	1/2	8/9	5/7	1/1	/	0/1
12期生15人（男15）	6/9	2/3	8/14	0/3	1/1	/	/
13期生16人（男13,女3）	4/4	3/6	8/11	1/6	0/1	1/2	1/1
14期生18人（男15,女3）	5/8	2/5	10/15	4/7	/	2/3	/
15期生20人（男16,女4）	4/5	1/4	7/15	1/4	1/2	1/3	/
16期生15人（男12,女3）	6/7	2/3	6/9	4/5	/	/	1/2
17期生17人（男13,女4）	3/4	3/4	5/7	1/6	/	0/1	2/2
18期生15人（男14,女1）	7/8	1/3	10/14	2/6	0/1	/	1/1
19期生13人（男10,女3）	2/4	2/5	2/7	0/2	/	0/1	/
合計263人（男226,女37）	74/96	40/71	116/188	31/75	8/14	11/18	9/11
合格率	77%	56%	62%	41%	57%	61%	82%

（　）内の人数は内部進学者

	早実	桜蔭	フェリス	聖光	浅野	芝	桐蔭	学芸	学習院	攻玉社	小石川	洛星	市川	暁星
		1		2	1	1	1							
		2	1	1	1		2	1	1	1				
							1							
		1		1	3		2							
		3			1									
				1										
			1		2									
						1								
	1				1					1				
		1	1			1						1	1	
		2		1	2			1					1	
		1			1			1						
			1	1				1						
			1		1									
			1	1	1						1			
					1					1				1
	1	11	6	8	15	3	6	4	1	3	1	1	2	1

宮本算数教室進学先一覧 Part1（受験者264名中）

	開成	栄光	麻布	築駒	武蔵	駒東	慶応	桐朋	ラサール
1期生3人		1					2		
2期生12人		2	2					1	
3期生26人(1)	1	3	6				2		
4期生7人	1	2		1			1		
5期生19人(1)	3	1		4		1			
6期生14人	1	3		2		1	2		
7期生10人	3	2	2	2			1		
8期生4人	1		3						
9期生11人(1)	2	1	4	1		1			
10期生18人	8	1	3	1					1
11期生14人(1)	1	3	1	5		1			
12期生16人(1)	6	2	2			1			
13期生18人(2)	3	4	2				1		
14期生18人	3	3	1	3					
15期生20人	4	3		2			2		
16期生16人(1)	2	1	1	4	1				
17期生18人(1)	3	2	2	1					1
18期生15人	4	3		2					
19期生13人	2	1	2				1		
合計273人(9)	48	38	31	28	1	5	12	2	1

（　）内の人数は内部進学者

日女	東洋英	セシリア	清泉	逗開	武工	国学久	高輪	江戸取	開智	横浜	神大	暁秀	公立
												1	
	1												1
		1											
1													1
										1			
										1			
					1		1						
			1	1							1		
				1									
					1	1							
								1					
									1				
1	1	1	1	2	2	1	1	2	1	2	1	1	2

宮本算数教室進学先一覧 Part2（受験者264名中）

	海城	サレジオ	東邦大	白百合	湘白	横共	渋渋	昇華	山脇	世田谷
1期生3人										
2期生12人										
3期生26人(1)									1	
4期生7人										
5期生19人(1)										
6期生14人										1
7期生10人										
8期生4人										
9期生11人(1)										
10期生18人										
11期生14人(1)					1					
12期生16人(1)										
13期生18人(2)				1						
14期生18人										
15期生20人		1	1				1			
16期生16人(1)						1				
17期生18人(1)			1	1			1	1		
18期生15人		1								
19期生13人	1						1	1		
合計273人(9)	1	2	2	2	1	1	3	2	1	1

「考える力」を育てる
——宮本哲也の「強育」シリーズ

1100円

どんな子でも必ず伸びます。
親が余計なことをしない限り。

第1章　賢い子育て　愚かな子育て
第2章　子どもの自立を見守るまともな母親
　　　　自立を阻む有害な母親
第3章　学習に王道はあるか?
第4章　頭の良くなる学習法悪くなる学習法
付　録　実践　試行錯誤型学習と
　　　　手順暗記型学習

父母、教師、会社経営者……

全国から共感と賞賛の声続々！

- 月に1回読み直し、頭の中へ入れてます。
子どもにも私にも大切なことばかりです。(小1母親)
- 何度読み返してもあきないほど面白い本。
教育のみならず、人生について考える機会を
与えてくれました。(44歳 主婦)
- 普段は本を読まない私が、夢中になって読みました。
こういう先生が学校にたくさんいたら……。
先生方にも読んでもらいたい本です。(46歳 主婦)
- 私にとって厳しい忠告でした。考えさせられました。
素直に受けとめ、今後の子育てに
生かしていこうと思います。(46歳 会社経営者)
- 人としての成長を目指すことで、
結果として学力の向上につながる。
著者の主張に深く共感。(28歳 公務員)
- 父母会で頭を使う学習が必要であると説明しても
納得してもらえません。本書はその通りと感じる話ばかり。
説得の武器に使わせていただきます。(37歳 教師)
- 子どもを真面目にまっすぐにとらえ、
真の教育を実践している貴重な先生。
教育について、糸くずのように絡んでいたものが
少しずつほぐれて、爽快に読み終えました。(33歳 主婦)

ディスカヴァー携書 173

伝説の算数教室の授業

発行日　2016年　8月　10日　第1刷
　　　　2022年　5月　10日　第2刷

Author	宮本哲也
Book Designer	阿部美樹子
Publication	株式会社ディスカヴァー・トゥエンティワン 〒102-0093　東京都千代田区平河町2-16-1 平河町森タワー11F TEL　03-3237-8321（代表）03-3237-8345（営業） FAX　03-3237-8323 https://d21.co.jp/
Publisher	谷口奈緒美
Store Sales Company	安永智洋　伊東佑真　榊原僚　佐藤昌幸　古矢薫　青木翔平　井筒浩　小田木もも　越智佳南子　小山怜那　川本寛子　佐藤淳基　佐々木玲奈　志摩晃司　副島杏南　高橋雛乃　滝口景太郎　竹内大貴　辰巳佳衣　津野主揮　野村美空　廣内悠理　松ノ下直輝　宮田有利子　山中麻吏　藤井多穂子　井澤徳子　石橋佐知子　伊藤香　葛目美枝子　鈴木洋子　町田加奈子
EPublishing Company	小田孝文　飯田智樹　川島理　中島俊平　青木涼馬　磯部隆　大崎双葉　越野志絵良　庄司知世　中西花　西川なつか　野﨑竜海　野中保奈美　三角真穂　八木眸　高原未来子　中澤泰宏　森遊机　伊藤由美　蛯原華恵　俵敬子　畑野衣見
Product Company	大山聡子　藤田浩芳　大竹朝子　小関勝則　千葉正幸　原典宏　榎本明日香　大田原恵美　岡本雄太郎　倉田華　志摩麻衣　舘瑞恵　橋本莉奈　牧野類　三谷祐一　元木優子　安永姫菜　渡辺基志　小石亜季
Business Solution Company	蛯原昇　早水真吾　野村美紀　林秀樹　南健一　村尾純司　藤井かおり
Corporate Design Group	塩川和真　森谷真一　大星多聞　堀部直人　井上竜之介　王廳　奥田千晶　工藤奈津子　斎藤悠人　佐藤サラ圭　杉田彰子　田中亜紀　田山礼真　福永友紀　山田諭志　池田望　石光まゆ子　齋藤朋子　福田章平　丸山香織　宮崎陽子　阿知波淳平　遠藤文香　王玮祎　小田日和　加藤沙葵　河北美汐　吉川由莉　菊地美恵　小林雅治　鈴木あさひ　高田彩菜　瀧山響子　田中真悠　玉井里奈　鶴岡蒼也　道玄萌　富永啓　永田健太　峯岸美有
Proofreader	株式会社文字工房燦光
DTP	朝日メディアインターナショナル株式会社
Printing	共同印刷株式会社

ISBN978-4-7993-1942-0

携書ロゴ：長坂勇司
携書フォーマット：石間淳